未成年人法治教育用书

成文法通识课

孔晓燕　王海民　主编

CWF TSK

天津出版传媒集团
天津教育出版社
TIANJIN EDUCATION PRESS

图书在版编目（CIP）数据

成文法通识课 / 孔晓燕，王海民主编. -- 天津：天津教育出版社，2025. 6. -- ISBN 978-7-5309-9664-5

Ⅰ. D92

中国国家版本馆 CIP 数据核字第 20252PY883 号

成文法通识课

CHENGWENFA TONGSHIKE

出版人	黄 沛
主 编	孔晓燕 王海民
选题策划	魏海增
责任编辑	魏海增 王 慧
特邀编辑	马 娜
装帧设计	赵 军
出版发行	天津出版传媒集团 天津教育出版社 天津市和平区西康路 35 号 邮政编码 300051 http://www.tjeph.com.cn
经 销	新华书店
印 刷	天津新华印务有限公司
版 次	2025 年 6 月第 1 版
印 次	2025 年 6 月第 1 次印刷
规 格	16 开(787 毫米×1092 毫米)
字 数	253 千字
印 张	11.25 印张
定 价	47.00 元

《成文法通识课》编写委员会

序一：
沿着法治的轨道走向诗和远方

2024年夏天的一个晚上，快11点了，我刚躺到床上，似睡非睡，放在书桌上充电的手机突然响起来。在电话里，市技师学院①的金同元书记说："这么晚打扰检察长，是想请教一个问题：这几天我一直思考，职业院校的学生不仅要培养技能，开展道德教育、法治教育也很重要。当前职业院校的法治教育多以主题活动、报告会等形式开展，系统性、实效性不高。在学校开设成文法课程，是不是可行？"因为工作关系，我与市技师学院金同元书记和徐公义院长交流颇多，了解他们对学生的良苦用心，对职业教育的改革创新。2023年秋季学期，他们在侧重于未成年人法治教育的成文法课程开设上进行了探索尝试，学院还邀请了多家政法单位开展座谈，组织人员着手编辑成文法教材，经数易其稿，不断优化，《成文法通识课》即将面世。值此教材付梓之际，欣然为序。

少年见青春，万物皆妩媚。未成年人是一个重要又特殊的群体，一方面，他们承载着国家和社会的希望，是人类持续发展的后备力量；另一方面，他们的心智发育未臻健全，需要得到特殊关爱与照拂。建立有别于成人司法的未成年人司法制度，已成为普遍共识。

星河为引：法律条款的文明之光

家有家规、校有校纪、国有国法。不以规矩，不成方圆。从子产铸鼎到《唐律疏议》再创当下，法律始终是文明星空中最恒久的坐标。在敦煌莫高窟的穹顶上，千年前的画师勾勒出浩瀚星河，那些穿越时空的星子，恰似人类文明长河中闪耀的法治印记。今日展卷，这部《成文法通识课》恰似为青少年定制的北斗七星，汇聚起散落在各部法律中的关涉条文，擘画成指引青少年人生的璀璨星图。

"法者，所以兴功惧暴也；律者，所以定分止争也；令者，所以令人知事也。"党和国家高度重视未成年人健康成长，制定并修订、修正了多部涉及未成年人的法律法规和规范性文件，实施预防未成年人犯罪政策，健全学校家庭社会协同育人机制等，促进未成年人保护社会治理，凝聚多方合力，未成年人保护工作迈出新步伐，取得新成效。检察机关坚

① 指聊城市技师学院（聊城高级工程职业学校），后同。

持“高质效办好每一个案件”，以“零容忍”态度惩治侵害未成年人的犯罪行为，立足“预防就是保护，惩治也是挽救”，依法办理未成年人犯罪案件，深化刑事、民事、行政、公益诉讼“四大检察”综合履职，强化未成年人全面综合司法保护。

法治教育：检察机关的温情守护

站在检察工作的特殊坐标点回望，我们与聊城市技师学院的“法治情缘”悠远绵长。协同共进，让未成年人在法治轨道上健康、茁壮成长是我们共同的心愿。绿茵场上的校园普法、实训车间的模拟法庭、法治教育实践基地的激扬思辩……那些曾经稚嫩的面庞如今已成长为技术能手，在不同行业的各自岗位上发光发热，而他们留在法治档案中的，不止是一串串日期、编号，而是成长历程的温暖印记。

2023 年 9 月 4 日，我受聘为聊城市技师学院法治副院长，在操场上为 5000 余名师生讲了法治教育“开学第一课”。2024 年 11 月 8 日，市人民检察院新建的青少年法治教育实践基地投入使用，聊城市技师学院的 200 余名学生成为首批参观者。自此开始的常态化法治教育，已覆盖学院建筑工程、康养护理、汽车工程、计算机、电气自动化等多个专业的学生。2024 年 12 月 4 日，我又受聘为山东省聊城第一中学法治副校长，为 2024 级高一新生上了名为《沿着法治的轨道走向诗和远方》的法治课，万余字的讲课稿被《山东法制报》全文刊发。截至 2024 年底，全市 412 名检察人员担任 800 余所学校的法治副校长，“法治副校长”全覆盖工程有序开展。“检察官+法治副校长”真正成为聊城检察人的双重使命，用实际行动拓展未成年人犯罪预防和治理的“同心圆”，让法律不只是高悬的达摩克利斯之剑，更是润物无声的坚强守护，滋润青少年的心田，让法治教育的“最后一公里”走得更深、更实。

未来图景：法治赋能的技能报国

在智能制造重构产业版图的今天，高技能人才的法律素养已成为新型职业能力的重要维度。本教材中“法治+”的创新设计链接网络安全、劳动权益、知识产权和技术创新，精准对接了产业变革对复合型人才的需求。当爱国主义教育法①遇见“技能报国”的理想，法治教育获得了更宏大的叙事空间。

纵观全书，有以下两个特色：一是全面。本书锚定未成年人法治教育这一重要定位，涵盖刑法、预防未成年人犯罪法、未成年人保护法、爱国主义教育法、治安管理处罚法、民法典等多部法律，有助于学生清晰、具象地学习有关未成年人的成文法律规定。二是实

① 按法律文书撰写通例，如引用法律全名，应当加上书名号；如果是使用简称，则可以不加书名号。因此，本书中遵从法律文书撰写通例，未强行按《标点符号用法》规定统一对法律名称加上书名号。

用。本书精心筛选未成年人违法犯罪或被不法侵害的常见案例，尤其是检察机关发布的典型案例、指导性案例，通过系统性案例评析，培养学生尊法、学法、守法、用法的法治意识和自我保护能力。将真实判例转化为教学案例，让法律条文对接生产场景，使司法实践融入德育体系，在这部教材中得到了完美呈现。它清晰、直观地告诉我们：法治教育不是简单的知识传授，而是灵魂的唤醒与价值的重塑。这部教材所构建的，不仅是法律知识的坐标系，更是青春航程的灯塔群。

结语：刻度尺上的永恒春天

愿每一位翻开此书的学生，都能在刑法里明晰规则与敬畏，在未成年人保护法里触摸文明的脉搏，在民法典中读懂权利的边界。当你们以法律为尺丈量人生，用法治思维破解成长难题，那些曾经镌刻在机床上的律动，终将谱写成属于这个时代的法治交响。

如果说检察机关是守护火种的使者，那么这部教材犹如传递火光的火炬。当法治之光点亮万千学子的心灯，我们终将看到，在我们国家广袤的土地上，绽放出更多兼具工匠精神与法治信仰的时代之花。

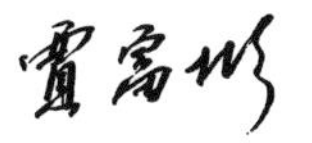

2025年4月16日

贾富彬，中南财经政法大学（原中南政法学院）法学学士，黑龙江大学法律硕士。曾任山东省人民检察院检委会委员、民事行政检察一处处长、公诉一处处长、第三检察部主任。现为聊城市人民检察院党组书记、检察长，聊城市技师学院法治副院长，山东省聊城第一中学法治副校长。

序二：
知识、素养与行为

一

假如你看中了一款自行车，又认为价格比较高，于是询问能否降价，卖车人回答“可以”。你一问再问，卖车人一降再降。现在问，你与卖车人之间的问答有法律价值吗？答案是：没有。如果你与卖车人讨价还价一番，并打算买下来，情况就不同了，此时你应遵守诚信原则。如果你与卖车人达成了买卖协议，就具有了完全的法律意义。

为什么？因为你们达成买卖协议后，在你与卖车人之间产生了权利义务关系：你对卖车人负有支付价款的义务，享有要求他交付自行车的权利；卖车人负有向你交付自行车的义务，享有要求你支付价款的权利。简言之，你与卖车人都要受买卖协议的约束。

如果你拒绝履行付款义务，就有可能被强制履行，迫使你不得不遵守买卖协议。同样，如果卖车人拒绝履行交付自行车的义务，也会面临同样的后果。这，就是法律的作用。

因此，可以把法律理解为以权利和义务为内容、以强制力为保障的行为规则与规范。

二

在我国国民教育序列中，中等职业学校、技工院校与普通高中等同属于高中阶段教育。这一时期的学生年龄具有重要的法律意义，包含满 16 岁但不满 18 岁这个年龄段。这个年龄段的公民，从民法上看，如果以自己的劳动为主要生活来源，则视同成年人；从刑法上看，虽然有获得从轻或者减轻处罚的待遇，但应当负完全的刑事责任。因为，到了这个年龄段，身心发育比较成熟，有了控制能力。同时，也已受到较多的教育，具备了辨认和识别能力。

接受高中阶段教育的学生，应当学到基本的法律知识，也就是基础性的、主要的法律规则和规范。首先是宪法方面的，包括我国的根本制度、公民的基本权利和义务、国家机构组成等。宪法之下，在民法方面，如民事主体（自然人、法人及非法人组织）的人格权、物权、债权、知识产权、股权、虚拟财产权等内容，民事法律行为的形式、民事法律行为的效力等；在刑法方面，如判断犯罪与否的界限，以及常见的具体犯罪如盗窃罪、诈骗罪、危险驾驶罪、故意伤害罪、帮信罪等。

由于中等职业学校和技工院校的部分学生即将就业,他们还应当着重学习两方面的基本法律知识:一是个人权利与自我保护方面的,二是劳动相关方面的。前者主要见于宪法、未成年人保护法、民法典;后者主要是劳动法、劳动合同法、劳动争议调解仲裁法。

三

中等职业学校和技工院校的学生, 对基本法律知识的了解要达到一定的水平,具有相当的法治素养。如果说学到了法律知识属于知其然,那么具有一定的法治素养则是知其所以然。

比如,为什么宪法规定我国的根本制度是社会主义制度? 这是由中国历史大势决定的。清代自乾隆朝由盛转衰,自道光后又遭到西方列强的连续入侵,打破了中国传统思想文化的封闭状态,旧的制度不复适应时代变化,新制度应运而生。中华人民共和国成立时,共产党从领导人民进行革命的历史与现实出发,选择了社会主义制度。

自由、平等、公正、法治,是社会主义核心价值观社会层面的要求,几乎贯穿每一部法律。你购物还是不购物,旅游还是不旅游,全凭你自己决定,因为你是自由的;你的交易对象,无论是高官富翁,还是农夫工人,都可以与其坐下来讨价还价,因为你们是平等的;当你年老、失能,或者遇到其他困难的时候,有权从国家和社会得到帮助,这是公正所要求的;当你与人发生纠纷时,可以按程序要求有关部门处理,因为法律已经为你预备了解决途径。

法律的表现形式是具体的条文,条文代表着规则。在条文、规则背后起支配作用的,还有法律的基本原则。如在民商法律领域,有诚实信用原则、平等原则、意思自治原则、公平原则、公序良俗原则以及绿色原则等,其中首推诚实信用原则。再如在刑法领域,有罪刑法定原则、适用平等原则和罪责刑相适应原则等,其中首推罪刑法定原则。学懂并掌握这些基本原则,才能对具体的法条融会贯通。

当然,提高法治素养,还有许多其他途径。但通过学校里系统的学习,无疑是最直接、有效的。

四

中等职业学校和技工院校的学生,学习法律知识也好,提高法治素养也好,都离不了教师的讲解和指导。教师不同,讲解和指导的效果也就不同。

聊城市技师学院进行法治教育的着力点之一,是除了安排本校专职教师讲授法律相关课程内容之外,还延聘执业律师来讲解和指导。

律师又称“在野法曹”。与法学家、法官相比,律师的特点在于“常做田野作业”,经常奔波于案发现场、证据所在地和当事人或证人居住的社区,收集证据,查清事实,然后到法庭上提出主张。因此,律师经历并操办的,总是一个个具体、形象、鲜活的案例,讲解起来自然也就生动,富有感染力。

到聊城市技师学院兼任法治课教师的执业律师,是由聊城市法律援助中心推荐的。多年来,聊城市法律援助中心在做好法律援助工作之外,还利用拥有专业律师库、与本市执业律师联系密切的优势,高频率地组织律师深入乡镇、企业、学校开展法治宣传。推荐给聊城市技师学院的,是层层遴选、优中选优出来的律师,他们不仅政治素质高,业务能力强,还善于结合学情与鲜活案例进行讲解。负责任地说,律师们的法治课教学工作做得很好。

聊城市技师学院进行法治教育的另一个着力点,是在经过若干轮次的“专业教师+执业律师”共讲法治课的经验基础上,针对性地组织编写了这部《成文法通识课》教材。该教材的价值,不仅在于知识传授,更在于构建了“认知—理解—应用”的完整能力培养链,并且从“大水漫灌”到“精准滴灌”,为中等职业学校和技工院校的学生尤其是即将走向工作岗位的学生进行法治教育提供了可复制、可推广的“聊城样本”。该教材的编写理念深刻诠释了:最好的法治教育,不是培养熟练背诵法条的“两脚书橱”,而是锻造能在职业实践中守护公平正义的“法治匠人”。

生活丰富多彩,然事事涉法。一个人有多少法律知识,多高的法治素养,总会在他的行为中表现出来。希望专业教师与执业律师共讲法治课的实践,能帮助中等职业学校和技工院校的学生,都成长为尊法、知法、懂法、依法办事的公民。

叶兴民

2024 年 11 月 29 日

叶兴民,1990 年获律师资格,2004 年被评聘为一级律师。曾任聊城市法律援助中心业务部主任、聊城市法律援助中心副主任,现任北京市京师(济南)律师事务所专职律师。

前　言

立善法于天下，则天下治；立善法于一国，则一国治。《教育强国建设规划纲要(2024—2035年)》明确提出，要“加强宪法法治教育”“促进学生健康成长、全面发展”。作为域内培养高素质技能人才的重要阵地，聊城市技师学院始终将法治教育作为培养学生综合素质、护航青春成长的关键环节，强化院党委对法治教育建设的统一领导，将法治教育课程建设纳入学校“十五五”发展规划编制，加强统筹协调，压实主体责任，推动法治教育进一步落实落地、全面见效；不断深化校企合作，完善课程体系，切实将法治教育融入学生成长全过程；进一步深化政校合作，创新教育模式，打造具有职业教育特色的法治教育品牌。基于此，学院结合学情及大中小学思政课一体化改革创新要求与实践，组织编写了这部《成文法通识课》教材。

本教材以习近平新时代中国特色社会主义思想为指导，深入学习贯彻习近平法治思想，全面落实党的二十大和二十届二中、三中全会精神，以增强学生法治观念和法律素养为目标，通过深入开展法治课教育活动，推进依法治校，营造良好的校园氛围，建立平安和谐法治校园，培育高中阶段教育学校(包括普通高中、普通中专、成人中专、职业高中、技工学校)学生的法治意识，有助于他们依法行使权利、履行义务，捍卫人格尊严，维护公平正义，做社会主义法治的忠实崇尚者、自觉遵守者和坚定捍卫者。

本教材的编写，旨在挖掘法治课教育资源，依据《中等职业学校思想政治课程标准(2020年版)》，作为思想政治课程拓展模块，引导学生在学习“职业道德与法治”的基础上，进一步学习职业生涯中常用的法律知识，正确认识有关的法律关系，学会依法行使权利、履行义务，依法解决纠纷，维护合法权益，展现新时代高素质劳动者的风采。

本教材内容选编及案例选取呈现以下特点：

(一)体系严谨，结构清晰

本教材“法条＋案例”的全景式框架设计，增强了法治课的思想性、理论性、针对性，增加了吸引力、亲和力，丰富了法治课教学内容。本教材既可以作为学生的学习用书，也可以作为广大法治课教师备课的辅助材料。不仅可以帮助读者全面理解有关未成年人的成文法法律条文，条文结合案例的系统性解析更是对学生知法、懂法、守法、用法具有良好的指导意义。

(二)以案释法，示范构建法治校园

本教材通过针对性强的典型司法案件判例，为学生呈现出一个沉浸式的“法治小世界”，能够帮助学生做到知法、懂法、守法、用法，增强学生的法治意识和自我保护能力，共同营造和谐、友爱的校园环境，让校园生活成为最美好的回忆。

(三)条文活用，锻造依法维权能力

通过本教材的学习，学生可以全面了解相关法律条文及立法背景和内在逻辑，增强自我保护能力和社会责任感，提升依法维权的能力，为未来参与法治社会建设做好准备，为构建和谐社会、推进依法治国贡献力量。

鉴于此，本教材可以作为中等职业学校、技工院校乃至高中阶段其他类型学校学生学习法治课的辅学教材。我们诚挚地希望借此抛砖引玉，得到兄弟院校、同行专家的不吝赐教。让我们携起手来，群策群力，扬长避短，共同推动大中小学思政课一体化改革创新实践中的法治课教学模式改革，推动中等职业学校、技工院校乃至高中阶段其他类型学校法治工作持续深入开展，为学生的健康成长和全面发展提供更加坚实的法治保障。

目 录

注：因本书所涉法律"法条摘编"部分均为节选，此处统一说明，不在法律名称处再加"节选"字样。

《中华人民共和国治安管理处罚法》

《中华人民共和国网络安全法》

《中华人民共和国民法典》

《中华人民共和国爱国主义教育法》

《中华人民共和国刑法》与
《中华人民共和国预防未成年人犯罪法》

刑　法

系统规定犯罪与刑罚，明确未成年人刑事责任年龄及特殊保护条款，通过抢劫、盗窃等典型案例体现“教育为主、惩罚为辅”的司法原则。

预防未成年人犯罪法

构建三级预防体系，细化不良行为干预措施，以校园欺凌、网络沉迷等案例凸显综合治理的必要性。

《中华人民共和国刑法》[1]

第一部分　法律概述

《中华人民共和国刑法》是我国法律体系的重要组成部分，是国家对犯罪进行惩治、维护社会秩序和保障公民权利的基本法律。刑法[2]，作为维护社会秩序、保障公民权利的最后一道防线，其发展与演变始终与社会变迁紧密相连。自 1979 年颁布以来，刑法历经多次修订，逐步形成了较为完善的刑事法律体系。

一、立法背景与历史沿革

（一）1979 年刑法诞生

中华人民共和国成立之初，由于法制建设尚不完善，刑事司法主要依靠政策指导和单行条例。1979 年，我国颁布了第一部刑法，标志着刑事法治制度的初步建立。该法共 192 条，规定了犯罪与刑罚的基本框架，但由于历史条件限制，其内容较为简略，并保留了"类推制度"，即允许法官在法律无明文规定时比照最相类似的条文定罪。

（二）1997 年全面修订

随着改革开放的深入，1979 年刑法已难以适应社会发展的需要。1997 年，我国对刑法进行了全面修订，确立了"罪刑法定"原则，废除了类推制度，使刑法更加符合现代法治精神。修订后的刑法条文增至 452 条，罪名体系更加完善，为社会主义市场经济的发展提供了法律保障。

（三）刑法修正案[3]的动态调整

自 1999 年起，全国人大常委会以"修正案"的形式对刑法进行补充和修改。截至 2023 年，已通过 12 个刑法修正案。下列为重要修正案及其亮点：

刑法修正案（八）（2011）：取消 13 个经济犯罪死刑罪名，增设危险驾驶罪，规定 75 周岁以上的老人一般不适用死刑，引入社区矫正制度。

---

① 考虑到未成年人接受程度，书中未严格注明相关法律系何时修正、修订等。本书引用法律条文，均为最新条款。

② 刑法系《中华人民共和国刑法》的简称，后同。

③ 刑法修正案系《中华人民共和国刑法修正案》的简称，后同。

刑法修正案(九)(2015):再取消9个死刑罪名,增设恐怖主义相关犯罪,完善贪污贿赂犯罪规定,加强对公民个人信息保护。

刑法修正案(十一)(2020):调整刑事责任年龄(特定情形12至14周岁需担责),增设妨碍安全驾驶罪、高空抛物罪,强化公共卫生刑事保障,加大知识产权保护力度。

刑法修正案(十二)(2023):行贿罪增加"情节特别严重"档次,提高单位行贿罪法定刑,新增民营企业内部人员背信犯罪,完善贪污贿赂犯罪罚金刑。

二、刑法的基本原则

(一)罪刑法定原则

刑法第三条规定:"法律明文规定为犯罪行为的,依照法律定罪处刑;法律没有明文规定为犯罪行为的,不得定罪处刑。"这一原则是现代刑法的基石,要求犯罪与刑罚必须由法律明确规定,禁止类推适用和事后法。

(二)刑法适用平等原则

刑法第四条规定:"对任何人犯罪,在适用法律上一律平等。"这意味着,无论犯罪人的身份、地位如何,都应依法追究其刑事责任,体现了法律面前人人平等的法治精神。

(三)罪责刑相适应原则

刑法第五条规定:"刑罚的轻重,应当与犯罪分子所犯罪行和承担的刑事责任相适应。"这一原则要求刑罚的严厉程度必须与犯罪的社会危害性、行为人的主观恶性相匹配,避免重罪轻判或轻罪重判。

三、犯罪构成与刑罚体系

(一)犯罪构成要件

我国刑法采用"四要件"理论,即认定犯罪需同时具备以下要件:

犯罪客体:刑法所保护的社会关系,如生命权、财产权等。

犯罪客观方面:包括危害行为、危害结果及因果关系。

犯罪主体:达到刑事责任年龄(通常为16周岁,部分犯罪为14周岁)并具有刑事责任能力的自然人或单位。

犯罪主观方面:犯罪主体实施犯罪时的心理状态,包括故意和过失。

(二)刑罚体系

我国刑罚分为主刑和附加刑两类。

主刑:包括管制、拘役、有期徒刑、无期徒刑和死刑。死刑的适用受到严格限制,仅适用于"罪行极其严重"的犯罪,并设有"死刑缓期执行"制度。

附加刑:包括罚金、剥夺政治权利、没收财产和驱逐出境(针对外国人)。

四、刑法的社会功能

(一)惩罚犯罪

刑法通过规定犯罪与刑罚,对犯罪行为进行惩治,维护社会秩序。例如,对暴力犯罪、经济犯罪等的严厉打击,有效遏制了犯罪率的上升。

(二)保障人权

刑法不仅惩罚犯罪,还通过限制国家刑罚权的滥用,保障公民的基本权利。例如,"罪刑法定"原则防止了司法恣意,"死刑复核程序"确保死刑适用的慎重性。

(三)预防犯罪

刑法通过刑罚的威慑作用和教育功能,预防潜在犯罪的发生。例如,对醉驾行为的刑事处罚显著降低了交通事故的发生率。

《中华人民共和国刑法》作为我国刑事法律的核心,历经多次完善,已成为维护社会公平正义的重要工具,在打击犯罪、保障人权、维护社会秩序等方面发挥着重要作用。未来,刑法仍将继续秉持法治理念,在维护公序良俗的同时,也注重保障公民自由,实现社会公平正义,为法治中国建设提供坚实保障。

第二部分　法条摘编

第一条　【立法目的和根据】为了惩罚犯罪，保护人民，根据宪法，结合我国同犯罪作斗争的具体经验及实际情况，制定本法。

第二条　【任务】中华人民共和国刑法的任务，是用刑罚同一切犯罪行为作斗争，以保卫国家安全，保卫人民民主专政的政权和社会主义制度，保护国有财产和劳动群众集体所有的财产，保护公民私人所有的财产，保护公民的人身权利、民主权利和其他权利，维护社会秩序、经济秩序，保障社会主义建设事业的顺利进行。

第三条　【罪刑法定原则】法律明文规定为犯罪行为的，依照法律定罪处刑；法律没有明文规定为犯罪行为的，不得定罪处刑。

第四条　【法律面前人人平等原则】对任何人犯罪，在适用法律上一律平等。不允许任何人有超越法律的特权。

第五条　【罪责刑相适应原则】刑罚的轻重，应当与犯罪分子所犯罪行和承担的刑事责任相适应。

第十四条　【故意犯罪】明知自己的行为会发生危害社会的结果，并且希望或者放任这种结果发生，因而构成犯罪的，是故意犯罪。

故意犯罪，应当负刑事责任。

第十五条　【过失犯罪】应当预见自己的行为可能发生危害社会的结果，因为疏忽大意而没有预见，或者已经预见而轻信能够避免，以致发生这种结果的，是过失犯罪。

过失犯罪，法律有规定的才负刑事责任。

第十六条　【不可抗力和意外事件】行为在客观上虽然造成了损害结果，但是不是出于故意或者过失，而是由于不能抗拒或者不能预见的原因所引起的，不是犯罪。

第十七条　【刑事责任年龄】已满十六周岁的人犯罪，应当负刑事责任。

已满十四周岁不满十六周岁的人，犯故意杀人、故意伤害致人重伤或者死亡、强奸、抢劫、贩卖毒品、放火、爆炸、投放危险物质罪的，应当负刑事责任。

已满十二周岁不满十四周岁的人，犯故意杀人、故意伤害罪，致人死亡或者以特别残忍手段致人重伤造成严重残疾，情节恶劣，经最高人民检察院核准追诉的，应当负刑事责任。

对依照前三款规定追究刑事责任的不满十八周岁的人，应当从轻或者减轻处罚。

因不满十六周岁不予刑事处罚的，责令其父母或者其他监护人加以管教；在必要的时候，依法进行专门矫治教育。

第二十条　【正当防卫】为了使国家、公共利益、本人或者他人的人身、财产和其他权利免受正在进行的不法侵害，而采取的制止不法侵害的行为，对不法侵害人造成损害的，属于正当防卫，不负刑事责任。

正当防卫明显超过必要限度造成重大损害的，应当负刑事责任，但是应当减轻或者免除处罚。

对正在进行行凶、杀人、抢劫、强奸、绑架以及其他严重危及人身安全的暴力犯罪，采取防卫行为，造成不法侵害人伤亡的，不属于防卫过当，不负刑事责任。

第二十一条 【紧急避险】为了使国家、公共利益、本人或者他人的人身、财产和其他权利免受正在发生的危险，不得已采取的紧急避险行为，造成损害的，不负刑事责任。

紧急避险超过必要限度造成不应有的损害的，应当负刑事责任，但是应当减轻或者免除处罚。

第一款中关于避免本人危险的规定，不适用于职务上、业务上负有特定责任的人。

第二十二条 【犯罪预备】为了犯罪，准备工具、制造条件的，是犯罪预备。

对于预备犯，可以比照既遂犯从轻、减轻处罚或者免除处罚。

第二十三条 【犯罪未遂】已经着手实行犯罪，由于犯罪分子意志以外的原因而未得逞的，是犯罪未遂。

对于未遂犯，可以比照既遂犯从轻或者减轻处罚。

第二十四条 【犯罪中止】在犯罪过程中，自动放弃犯罪或者自动有效地防止犯罪结果发生的，是犯罪中止。

对于中止犯，没有造成损害的，应当免除处罚；造成损害的，应当减轻处罚。

第二十五条 【共同犯罪概念】共同犯罪是指二人以上共同故意犯罪。

二人以上共同过失犯罪，不以共同犯罪论处；应当负刑事责任的，按照他们所犯的罪分别处罚。

第二十六条 【主犯】组织、领导犯罪集团进行犯罪活动的或者在共同犯罪中起主要作用的，是主犯。

三人以上为共同实施犯罪而组成的较为固定的犯罪组织，是犯罪集团。

对组织、领导犯罪集团的首要分子，按照集团所犯的全部罪行处罚。

对于第三款规定以外的主犯，应当按照其所参与的或者组织、指挥的全部犯罪处罚。

第二十七条 【从犯】在共同犯罪中起次要或者辅助作用的，是从犯。

对于从犯，应当从轻、减轻处罚或者免除处罚。

第二十八条 【胁从犯】对于被胁迫参加犯罪的，应当按照他的犯罪情节减轻处罚或者免除处罚。

第二十九条 【教唆犯】教唆他人犯罪的，应当按照他在共同犯罪中所起的作用处罚。教唆不满十八周岁的人犯罪的，应当从重处罚。

如果被教唆的人没有犯被教唆的罪，对于教唆犯，可以从轻或者减轻处罚。

第三十二条 【刑罚的分类】刑罚分为主刑和附加刑。

第三十三条 【主刑种类】主刑的种类如下：

（一）管制；

（二）拘役；

（三）有期徒刑；

（四）无期徒刑；

（五）死刑。

第三十四条 【附加刑种类】附加刑的种类如下：

(一)罚金；

(二)剥夺政治权利；

(三)没收财产。

附加刑也可以独立适用。

第三十六条 【赔偿经济损失与民事优先原则】由于犯罪行为而使被害人遭受经济损失的，对犯罪分子除依法给予刑事处罚外，并应根据情况判处赔偿经济损失。

承担民事赔偿责任的犯罪分子，同时被判处罚金，其财产不足以全部支付的，或者被判处没收财产的，应当先承担对被害人的民事赔偿责任。

第三十七条 【非刑罚性处置措施】对于犯罪情节轻微不需要判处刑罚的，可以免予刑事处罚，但是可以根据案件的不同情况，予以训诫或者责令具结悔过、赔礼道歉、赔偿损失，或者由主管部门予以行政处罚或者行政处分。

第六十七条 【自首】犯罪以后自动投案，如实供述自己的罪行的，是自首。对于自首的犯罪分子，可以从轻或者减轻处罚。其中，犯罪较轻的，可以免除处罚。

被采取强制措施的犯罪嫌疑人、被告人和正在服刑的罪犯，如实供述司法机关还未掌握的本人其他罪行的，以自首论。

犯罪嫌疑人虽不具有前两款规定的自首情节，但是如实供述自己罪行的，可以从轻处罚；因其如实供述自己罪行，避免特别严重后果发生的，可以减轻处罚。

第六十八条 【立功】犯罪分子有揭发他人犯罪行为，查证属实的，或者提供重要线索，从而得以侦破其他案件等立功表现的，可以从轻或者减轻处罚；有重大立功表现的，可以减轻或者免除处罚。

第七十二条 【适用条件】对于被判处拘役、三年以下有期徒刑的犯罪分子，同时符合下列条件的，可以宣告缓刑，对其中不满十八周岁的人、怀孕的妇女和已满七十五周岁的人，应当宣告缓刑：

(一)犯罪情节较轻；

(二)有悔罪表现；

(三)没有再犯罪的危险；

(四)宣告缓刑对所居住社区没有重大不良影响。

宣告缓刑，可以根据犯罪情况，同时禁止犯罪分子在缓刑考验期限内从事特定活动，进入特定区域、场所，接触特定的人。

被宣告缓刑的犯罪分子，如果被判处附加刑，附加刑仍须执行。

第一百一十四条 【放火罪】【决水罪】【爆炸罪】【投放危险物质罪】【以危险方法危害公共安全罪】放火、决水、爆炸以及投放毒害性、放射性、传染病病原体等物质或者以其他危险方法危害公共安全，尚未造成严重后果的，处三年以上十年以下有期徒刑。

第一百一十五条 【放火罪】【决水罪】【爆炸罪】【投放危险物质罪】【以危险方法危害公共安全罪】放火、决水、爆炸以及投放毒害性、放射性、传染病病原体等物质或者以其他危险方法致人重伤、死亡或者使公私财产遭受重大损失的，处十年以上有期徒刑、无期徒刑或者死刑。

【过失放火罪】【过失决水罪】【过失爆炸罪】【过失投放危险物质罪】【过失以危险方法危害公共安全罪】过失犯前款罪的，处三年以上七年以下有期徒刑；情节较轻的，处三年以下有期徒刑或者拘役。

第二百三十二条 【故意杀人罪】故意杀人的，处死刑、无期徒刑或者十年以上有期徒刑；情节较轻的，处三年以上十年以下有期徒刑。

第二百三十三条 【过失致人死亡罪】过失致人死亡的，处三年以上七年以下有期徒刑；情节较轻的，处三年以下有期徒刑。本法另有规定的，依照规定。

第二百三十四条 【故意伤害罪】故意伤害他人身体的，处三年以下有期徒刑、拘役或者管制。

犯前款罪，致人重伤的，处三年以上十年以下有期徒刑；致人死亡或者以特别残忍手段致人重伤造成严重残疾的，处十年以上有期徒刑、无期徒刑或者死刑。本法另有规定的，依照规定。

第二百三十五条 【过失致人重伤罪】过失伤害他人致人重伤的，处三年以下有期徒刑或者拘役。本法另有规定的，依照规定。

第二百三十六条 【强奸罪】以暴力、胁迫或者其他手段强奸妇女的，处三年以上十年以下有期徒刑。

奸淫不满十四周岁的幼女的，以强奸论，从重处罚。

强奸妇女、奸淫幼女，有下列情形之一的，处十年以上有期徒刑、无期徒刑或者死刑：

（一）强奸妇女、奸淫幼女情节恶劣的；

（二）强奸妇女、奸淫幼女多人的；

（三）在公共场所当众强奸妇女、奸淫幼女的；

（四）二人以上轮奸的；

（五）奸淫不满十周岁的幼女或者造成幼女伤害的；

（六）致使被害人重伤、死亡或者造成其他严重后果的。

第二百三十六条之一 【负有照护职责人员性侵罪】对已满十四周岁不满十六周岁的未成年女性负有监护、收养、看护、教育、医疗等特殊职责的人员，与该未成年女性发生性关系的，处三年以下有期徒刑；情节恶劣的，处三年以上十年以下有期徒刑。

有前款行为，同时又构成本法第二百三十六条规定之罪的，依照处罚较重的规定定罪处罚。

第二百三十七条 【强制猥亵、侮辱罪】以暴力、胁迫或者其他方法强制猥亵他人或者侮辱妇女的，处五年以下有期徒刑或者拘役。

聚众或者在公共场所当众犯前款罪的，或者有其他恶劣情节的，处五年以上有期徒刑。

【猥亵儿童罪】猥亵儿童的，处五年以下有期徒刑；有下列情形之一的，处五年以上有期徒刑：

（一）猥亵儿童多人或者多次的；

（二）聚众猥亵儿童的，或者在公共场所当众猥亵儿童，情节恶劣的；

（三）造成儿童伤害或者其他严重后果的；

（四）猥亵手段恶劣或者有其他恶劣情节的。

第二百三十八条 【非法拘禁罪】非法拘禁他人或者以其他方法非法剥夺他人人身自由的，处三年以下有期徒刑、拘役、管制或者剥夺政治权利。具有殴打、侮辱情节的，从重处罚。

【非法拘禁罪、故意伤害罪、故意杀人罪】犯前款罪，致人重伤的，处三年以上十年以下有期徒刑；致人死亡的，处十年以上有期徒刑。使用暴力致人伤残、死亡的，依照本法第二百三十四条、第二百三十二条的规定定罪处罚。

为索取债务非法扣押、拘禁他人的，依照前两款的规定处罚。

国家机关工作人员利用职权犯前三款罪的，依照前三款的规定从重处罚。

第二百三十九条 【绑架罪】以勒索财物为目的绑架他人的，或者绑架他人作为人质的，处十年以上有期徒刑或者无期徒刑，并处罚金或者没收财产；情节较轻的，处五年以上十年以下有期徒刑，并处罚金。

犯前款罪，杀害被绑架人的，或者故意伤害被绑架人，致人重伤、死亡的，处无期徒刑或者死刑，并处没收财产。

以勒索财物为目的偷盗婴幼儿的，依照前两款的规定处罚。

第二百四十六条 【侮辱罪】【诽谤罪】以暴力或者其他方法公然侮辱他人或者捏造事实诽谤他人，情节严重的，处三年以下有期徒刑、拘役、管制或者剥夺政治权利。

前款罪，告诉的才处理，但是严重危害社会秩序和国家利益的除外。

通过信息网络实施第一款规定的行为，被害人向人民法院告诉，但提供证据确有困难的，人民法院可以要求公安机关提供协助。

第二百五十三条之一 【侵犯公民个人信息罪】违反国家有关规定，向他人出售或者提供公民个人信息，情节严重的，处三年以下有期徒刑或者拘役，并处或者单处罚金；情节特别严重的，处三年以上七年以下有期徒刑，并处罚金。

违反国家有关规定，将在履行职责或者提供服务过程中获得的公民个人信息，出售或者提供给他人的，依照前款的规定从重处罚。

窃取或者以其他方法非法获取公民个人信息的，依照第一款的规定处罚。

单位犯前三款罪的，对单位判处罚金，并对其直接负责的主管人员和其他直接责任人员，依照各该款的规定处罚。

第二百五十九条 【破坏军婚罪】明知是现役军人的配偶而与之同居或者结婚的，处三年以下有期徒刑或者拘役。

【强奸罪】利用职权、从属关系，以胁迫手段奸淫现役军人的妻子的，依照本法第二百三十六条的规定定罪处罚。

第二百六十二条之二 【组织未成年人进行违反治安管理活动罪】组织未成年人进行盗窃、诈骗、抢夺、敲诈勒索等违反治安管理活动的，处三年以下有期徒刑或者拘役，并处罚金；情节严重的，处三年以上七年以下有期徒刑，并处罚金。

第二百六十三条 【抢劫罪】以暴力、胁迫或者其他方法抢劫公私财物的，处三年以上十年以下有期徒刑，并处罚金；有下列情形之一的，处十年以上有期徒刑、无期徒刑或者死刑，并处罚金或者没收财产：

（一）入户抢劫的；
（二）在公共交通工具上抢劫的；
（三）抢劫银行或者其他金融机构的；
（四）多次抢劫或者抢劫数额巨大的；
（五）抢劫致人重伤、死亡的；
（六）冒充军警人员抢劫的；
（七）持枪抢劫的；
（八）抢劫军用物资或者抢险、救灾、救济物资的。

第二百六十四条 【盗窃罪】盗窃公私财物，数额较大的，或者多次盗窃、入户盗窃、携带凶器盗窃、扒窃的，处三年以下有期徒刑、拘役或者管制，并处或者单处罚金；数额巨大或者有其他严重情节的，处三年以上十年以下有期徒刑，并处罚金；数额特别巨大或者有其他特别严重情节的，处十年以上有期徒刑或者无期徒刑，并处罚金或者没收财产。

第二百六十五条 【盗窃罪】以牟利为目的，盗接他人通信线路、复制他人电信码号或者明知是盗接、复制的电信设备、设施而使用的，依照本法第二百六十四条的规定定罪处罚。

第二百六十六条 【诈骗罪】诈骗公私财物，数额较大的，处三年以下有期徒刑、拘役或者管制，并处或者单处罚金；数额巨大或者有其他严重情节的，处三年以上十年以下有期徒刑，并处罚金；数额特别巨大或者有其他特别严重情节的，处十年以上有期徒刑或者无期徒刑，并处罚金或者没收财产。本法另有规定的，依照规定。

第二百六十七条 【抢夺罪】抢夺公私财物，数额较大的，或者多次抢夺的，处三年以下有期徒刑、拘役或者管制，并处或者单处罚金；数额巨大或者有其他严重情节的，处三年以上十年以下有期徒刑，并处罚金；数额特别巨大或者有其他特别严重情节的，处十年以上有期徒刑或者无期徒刑，并处罚金或者没收财产。

【抢劫罪】携带凶器抢夺的，依照本法第二百六十三条的规定定罪处罚。

第二百六十八条 【聚众哄抢罪】聚众哄抢公私财物，数额较大或者有其他严重情节的，对首要分子和积极参加的，处三年以下有期徒刑、拘役或者管制，并处罚金；数额巨大或者有其他特别严重情节的，处三年以上十年以下有期徒刑，并处罚金。

第二百六十九条 【抢劫罪】犯盗窃、诈骗、抢夺罪，为窝藏赃物、抗拒抓捕或者毁灭罪证而当场使用暴力或者以暴力相威胁的，依照本法第二百六十三条的规定定罪处罚。

第二百七十条 【侵占罪】将代为保管的他人财物非法占为己有，数额较大，拒不退还的，处二年以下有期徒刑、拘役或者罚金；数额巨大或者有其他严重情节的，处二年以上五年以下有期徒刑，并处罚金。

将他人的遗忘物或者埋藏物非法占为己有，数额较大，拒不交出的，依照前款的规定处罚。

本条罪，告诉的才处理。

第二百七十四条 【敲诈勒索罪】敲诈勒索公私财物，数额较大或者多次敲诈勒索的，处三年以下有期徒刑、拘役或者管制，并处或者单处罚金；数额巨大或者有其他严重情节的，处三年以上十年以下有期徒刑，并处罚金；数额特别巨大或者有其他特别严重情节的，处十年以上有期徒刑，并处罚金。

第二百七十五条 【故意毁坏财物罪】故意毁坏公私财物，数额较大或者有其他严重情节的，处三年以下有期徒刑、拘役或者罚金；数额巨大或者有其他特别严重情节的，处三年以上七年以下有期徒刑。

第二百七十七条 【妨害公务罪】以暴力、威胁方法阻碍国家机关工作人员依法执行职务的，处三年以下有期徒刑、拘役、管制或者罚金。

……

【袭警罪】暴力袭击正在依法执行职务的人民警察的，处三年以下有期徒刑、拘役或者管制；使用枪支、管制刀具，或者以驾驶机动车撞击等手段，严重危及其人身安全的，处三年以上七年以下有期徒刑。

第二百八十条之一 【使用虚假身份证件、盗用身份证件罪】在依照国家规定应当提供身份证明的活动中，使用伪造、变造的或者盗用他人的居民身份证、护照、社会保障卡、驾驶证等依法可以用于证明身份的证件，情节严重的，处拘役或者管制，并处或者单处罚金。

有前款行为，同时构成其他犯罪的，依照处罚较重的规定定罪处罚。

第二百八十条之二 【冒名顶替罪】盗用、冒用他人身份，顶替他人取得的高等学历教育入学资格、公务员录用资格、就业安置待遇的，处三年以下有期徒刑、拘役或者管制，并处罚金。

组织、指使他人实施前款行为的，依照前款的规定从重处罚。

国家工作人员有前两款行为，又构成其他犯罪的，依照数罪并罚的规定处罚。

第二百八十四条 【非法使用窃听、窃照专用器材罪】非法使用窃听、窃照专用器材，造成严重后果的，处二年以下有期徒刑、拘役或者管制。

第二百八十四条之一 【组织考试作弊罪】在法律规定的国家考试中，组织作弊的，处三年以下有期徒刑或者拘役，并处或者单处罚金；情节严重的，处三年以上七年以下有期徒刑，并处罚金。

【组织考试作弊罪】为他人实施前款犯罪提供作弊器材或者其他帮助的，依照前款的规定处罚。

【非法出售、提供试题、答案罪】为实施考试作弊行为，向他人非法出售或者提供第一款规定的考试的试题、答案的，依照第一款的规定处罚。

【代替考试罪】代替他人或者让他人代替自己参加第一款规定的考试的，处拘役或者管制，并处或者单处罚金。

第二百八十五条 【非法侵入计算机信息系统罪】违反国家规定，侵入国家事务、国防建设、尖端科学技术领域的计算机信息系统的，处三年以下有期徒刑或者拘役。

【非法获取计算机信息系统数据、非法控制计算机信息系统罪】违反国家规定，侵入前款规定以外的计算机信息系统或者采用其他技术手段，获取该计算机信息系统中存储、处理或者传输的数据，或者对该计算机信息系统实施非法控制，情节严重的，处三年以下有期徒刑或者拘役，并处或者单处罚金；情节特别严重的，处三年以上七年以下有期徒刑，并处罚金。

【提供侵入、非法控制计算机信息系统程序、工具罪】提供专门用于侵入、非法控制计算机信息系统的程序、工具，或者明知他人实施侵入、非法控制计算机信息系统的违法犯罪行为而为其提供程序、工具，情节严重的，依照前款的规定处罚。

单位犯前三款罪的，对单位判处罚金，并对其直接负责的主管人员和其他直接责任人员，依照各该款的规定处罚。

第二百八十六条 【破坏计算机信息系统罪】违反国家规定，对计算机信息系统功能进行删除、修改、增加、干扰，造成计算机信息系统不能正常运行，后果严重的，处五年以下有期徒刑或者拘役；后果特别严重的，处五年以上有期徒刑。

违反国家规定，对计算机信息系统中存储、处理或者传输的数据和应用程序进行删除、修改、增加的操作，后果严重的，依照前款的规定处罚。

故意制作、传播计算机病毒等破坏性程序，影响计算机系统正常运行，后果严重的，依照第一款的规定处罚。

单位犯前三款罪的，对单位判处罚金，并对其直接负责的主管人员和其他直接责任人员，依照第一款的规定处罚。

第二百八十六条之一 【拒不履行信息网络安全管理义务罪】网络服务提供者不履行法律、行政法规规定的信息网络安全管理义务，经监管部门责令采取改正措施而拒不改正，有下列情形之一的，处三年以下有期徒刑、拘役或者管制，并处或者单处罚金：

(一)致使违法信息大量传播的；

(二)致使用户信息泄露，造成严重后果的；

(三)致使刑事案件证据灭失，情节严重的；

(四)有其他严重情节的。

单位犯前款罪的，对单位判处罚金，并对其直接负责的主管人员和其他直接责任人员，依照前款的规定处罚。

有前两款行为，同时构成其他犯罪的，依照处罚较重的规定定罪处罚。

第二百八十七条之二 【帮助信息网络犯罪活动罪】明知他人利用信息网络实施犯罪，为其犯罪提供互联网接入、服务器托管、网络存储、通讯传输等技术支持，或者提供广告推广、支付结算等帮助，情节严重的，处三年以下有期徒刑或者拘役，并处或者单处罚金。

单位犯前款罪的，对单位判处罚金，并对其直接负责的主管人员和其他直接责任人员，依照第一款的规定处罚。

有前两款行为，同时构成其他犯罪的，依照处罚较重的规定定罪处罚。

第二百八十八条 【扰乱无线电通讯管理秩序罪】违反国家规定，擅自设置、使用无线电台(站)，或者擅自使用无线电频率，干扰无线电通讯秩序，情节严重的，处三年以下有期徒刑、拘役或者管制，并处或者单处罚金；情节特别严重的，处三年以上七年以下有期徒刑，并处罚金。

单位犯前款罪的，对单位判处罚金，并对其直接负责的主管人员和其他直接责任人员，依照前款的规定处罚。

第二百八十九条 【故意伤害罪】【故意杀人罪】【抢劫罪】聚众"打砸抢"，致人伤残、死亡的，依照本法第二百三十四条、第二百三十二条的规定定罪处罚。毁坏或者抢走公私财物的，除判令退赔外，对首要分子，依照本法第二百六十三条的规定定罪处罚。

第二百九十条 【聚众扰乱社会秩序罪】聚众扰乱社会秩序，情节严重，致使工作、生产、营业和教学、科研、医疗无法进行，造成严重损失的，对首要分子，处三年以上七年以下有期徒刑；对其他积极参加的，处三年以下有期徒刑、拘役、管制或者剥夺政治权利。

【聚众冲击国家机关罪】聚众冲击国家机关，致使国家机关工作无法进行，造成严重损失的，对首要分子，处五年以上十年以下有期徒刑；对其他积极参加的，处五年以下有期徒刑、拘役、管制或者剥夺政治权利。

【扰乱国家机关工作秩序罪】多次扰乱国家机关工作秩序，经行政处罚后仍不改正，造成严重后果的，处三年以下有期徒刑、拘役或者管制。

【组织、资助非法聚集罪】多次组织、资助他人非法聚集，扰乱社会秩序，情节严重的，依照前款的规定处罚。

第二百九十一条 【聚众扰乱公共场所秩序、交通秩序罪】聚众扰乱车站、码头、民用航空站、商场、公园、影剧院、展览会、运动场或者其他公共场所秩序，聚众堵塞交通或者破坏交通秩序，抗拒、阻碍国家治安管理工作人员依法执行职务，情节严重的，对首要分子，处五年以下有期徒刑、拘役或者管制。

第二百九十一条之一 【投放虚假危险物质罪】【编造、故意传播虚假恐怖信息罪】投放虚假的爆炸性、毒害性、放射性、传染病病原体等物质，或者编造爆炸威胁、生化威胁、放射威胁等恐怖信息，或者明知是编造的恐怖信息而故意传播，严重扰乱社会秩序的，处五年以下有期徒刑、拘役或者管制；造成严重后果的，处五年以上有期徒刑。

【编造、故意传播虚假信息罪】编造虚假的险情、疫情、灾情、警情，在信息网络或者其他媒体上传播，或者明知是上述虚假信息，故意在信息网络或者其他媒体上传播，严重扰乱社会秩序的，处三年以下有期徒刑、拘役或者管制；造成严重后果的，处三年以上七年以下有期徒刑。

第二百九十一条之二 【高空抛物罪】从建筑物或者其他高空抛掷物品，情节严重的，处一年以下有期徒刑、拘役或者管制，并处或者单处罚金。

有前款行为，同时构成其他犯罪的，依照处罚较重的规定定罪处罚。

第二百九十二条 【聚众斗殴罪】聚众斗殴的，对首要分子和其他积极参加的，处三年以下有期徒刑、拘役或者管制；有下列情形之一的，对首要分子和其他积极参加的，处三年以上十年以下有期徒刑：

（一）多次聚众斗殴的；

（二）聚众斗殴人数多，规模大，社会影响恶劣的；

（三）在公共场所或者交通要道聚众斗殴，造成社会秩序严重混乱的；

（四）持械聚众斗殴的。

【故意伤害罪】【故意杀人罪】聚众斗殴，致人重伤、死亡的，依照本法第二百三十四条、第二百三十二条的规定定罪处罚。

第二百九十三条 【寻衅滋事罪】有下列寻衅滋事行为之一，破坏社会秩序的，处五年以下有期徒刑、拘役或者管制：

（一）随意殴打他人，情节恶劣的；

（二）追逐、拦截、辱骂、恐吓他人，情节恶劣的；

（三）强拿硬要或者任意损毁、占用公私财物，情节严重的；

（四）在公共场所起哄闹事，造成公共场所秩序严重混乱的。

纠集他人多次实施前款行为，严重破坏社会秩序的，处五年以上十年以下有期徒刑，可以并处罚金。

第二百九十三条之一 【催收非法债务罪】有下列情形之一，催收高利放贷等产生的非法债务，情节严重的，处三年以下有期徒刑、拘役或者管制，并处或者单处罚金：

（一）使用暴力、胁迫方法的；

（二）限制他人人身自由或者侵入他人住宅的；

（三）恐吓、跟踪、骚扰他人的。

第二百九十四条 【组织、领导、参加黑社会性质组织罪】组织、领导黑社会性质的组织的，处七年以上有期徒刑，并处没收财产；积极参加的，处三年以上七年以下有期徒刑，可以并处罚金或者没收财产；其他参加的，处三年以下有期徒刑、拘役、管制或者剥夺政治权利，可以并处罚金。

【入境发展黑社会组织罪】境外的黑社会组织的人员到中华人民共和国境内发展组织成员的，处三年以上十年以下有期徒刑。

【包庇、纵容黑社会性质组织罪】国家机关工作人员包庇黑社会性质的组织，或者纵容黑社会性质的组织进行违法犯罪活动的，处五年以下有期徒刑；情节严重的，处五年以上有期徒刑。

犯前三款罪又有其他犯罪行为的，依照数罪并罚的规定处罚。

黑社会性质的组织应当同时具备以下特征：

（一）形成较稳定的犯罪组织，人数较多，有明确的组织者、领导者，骨干成员基本固定；

（二）有组织地通过违法犯罪活动或者其他手段获取经济利益，具有一定的经济实力，以支持该组织的活动；

（三）以暴力、威胁或者其他手段，有组织地多次进行违法犯罪活动，为非作恶，欺压、残害群众；

（四）通过实施违法犯罪活动，或者利用国家工作人员的包庇或者纵容，称霸一方，在一定区域或者行业内，形成非法控制或者重大影响，严重破坏经济、社会生活秩序。

第二百九十九条 【侮辱国旗、国徽、国歌罪】在公共场合，故意以焚烧、毁损、涂划、玷污、践踏等方式侮辱中华人民共和国国旗、国徽的，处三年以下有期徒刑、拘役、管制或者剥夺政治权利。

在公共场合，故意篡改中华人民共和国国歌歌词、曲谱，以歪曲、贬损方式奏唱国歌，或者以其他方式侮辱国歌，情节严重的，依照前款的规定处罚。

第二百九十九条之一 【侵害英雄烈士名誉、荣誉罪】侮辱、诽谤或者以其他方式侵害英雄烈士的名誉、荣誉，损害社会公共利益，情节严重的，处三年以下有期徒刑、拘役、管制或者剥夺政治权利。

第三百零一条 【聚众淫乱罪】聚众进行淫乱活动的,对首要分子或者多次参加的,处五年以下有期徒刑、拘役或者管制。

【引诱未成年人聚众淫乱罪】引诱未成年人参加聚众淫乱活动的,依照前款的规定从重处罚。

第三百零二条 【盗窃、侮辱、故意毁坏尸体、尸骨、骨灰罪】盗窃、侮辱、故意毁坏尸体、尸骨、骨灰的,处三年以下有期徒刑、拘役或者管制。

第三百零三条 【赌博罪】以营利为目的,聚众赌博或者以赌博为业的,处三年以下有期徒刑、拘役或者管制,并处罚金。

【开设赌场罪】开设赌场的,处五年以下有期徒刑、拘役或者管制,并处罚金;情节严重的,处五年以上十年以下有期徒刑,并处罚金。

第三百一十二条 【掩饰、隐瞒犯罪所得、犯罪所得收益罪】明知是犯罪所得及其产生的收益而予以窝藏、转移、收购、代为销售或者以其他方法掩饰、隐瞒的,处三年以下有期徒刑、拘役或者管制,并处或者单处罚金;情节严重的,处三年以上七年以下有期徒刑,并处罚金。

单位犯前款罪的,对单位判处罚金,并对其直接负责的主管人员和其他直接责任人员,依照前款的规定处罚。

第三百二十四条 【故意损毁文物罪】故意损毁国家保护的珍贵文物或者被确定为全国重点文物保护单位、省级文物保护单位的文物的,处三年以下有期徒刑或者拘役,并处或者单处罚金;情节严重的,处三年以上十年以下有期徒刑,并处罚金。

【故意损毁名胜古迹罪】故意损毁国家保护的名胜古迹,情节严重的,处五年以下有期徒刑或者拘役,并处或者单处罚金。

【过失损毁文物罪】过失损毁国家保护的珍贵文物或者被确定为全国重点文物保护单位、省级文物保护单位的文物,造成严重后果的,处三年以下有期徒刑或者拘役。

第三百六十三条 【制作、复制、出版、贩卖、传播淫秽物品牟利罪】以牟利为目的,制作、复制、出版、贩卖、传播淫秽物品的,处三年以下有期徒刑、拘役或者管制,并处罚金;情节严重的,处三年以上十年以下有期徒刑,并处罚金;情节特别严重的,处十年以上有期徒刑或者无期徒刑,并处罚金或者没收财产。

【为他人提供书号出版淫秽书刊罪】为他人提供书号,出版淫秽书刊的,处三年以下有期徒刑、拘役或者管制,并处或者单处罚金;明知他人用于出版淫秽书刊而提供书号的,依照前款的规定处罚。

第三百六十四条 【传播淫秽物品罪】传播淫秽的书刊、影片、音像、图片或者其他淫秽物品,情节严重的,处二年以下有期徒刑、拘役或者管制。

【组织播放淫秽音像制品罪】组织播放淫秽的电影、录像等音像制品的,处三年以下有期徒刑、拘役或者管制,并处罚金;情节严重的,处三年以上十年以下有期徒刑,并处罚金。

制作、复制淫秽的电影、录像等音像制品组织播放的,依照第二款的规定从重处罚。

向不满十八周岁的未成年人传播淫秽物品的,从重处罚。

第三百六十七条 【淫秽物品的范围】本法所称淫秽物品,是指具体描绘性行为或者露骨宣扬色情的诲淫性的书刊、影片、录像带、录音带、图片及其他淫秽物品。

有关人体生理、医学知识的科学著作不是淫秽物品。

包含有色情内容的有艺术价值的文学、艺术作品不视为淫秽物品。

《中华人民共和国预防未成年人犯罪法》

第一部分　法律概述

未成年人承载着国家的未来和民族的希望，预防未成年人犯罪是全社会共同的责任。《中华人民共和国预防未成年人犯罪法》(以下简称“预防未成年人犯罪法”)作为专门性法律,为未成年人健康成长、预防和减少未成年人犯罪提供了重要法律保障。本部分旨在概述该法的修订脉络,探讨法理思想在其中的渗透,并分析该法与公序良俗之间的互动关系。

一、立法背景与意义

预防未成年人犯罪法是我国专门针对未成年人犯罪预防工作制定的重要法律,自1999年11月1日起施行,并分别于2012年、2020年进行了两次修订。这部法律的颁布实施标志着我国未成年人保护法律体系的进一步完善,体现了国家对未成年人健康成长的高度重视。

随着社会经济快速发展和转型期社会矛盾的凸显,未成年人犯罪问题日益受到全社会关注。统计数据显示,未成年人犯罪呈现出低龄化、团伙化、暴力化等新特点,校园欺凌、网络犯罪等新型犯罪形式不断涌现。在这样的背景下,制定专门法律来预防未成年人犯罪显得尤为必要和迫切。

预防未成年人犯罪法的立法意义主要体现在3个方面:一是填补了我国在未成年人犯罪预防领域的法律空白,形成了与未成年人保护法相互补充的法律体系;二是确立了“预防为主、教育为先”的工作原则,将预防关口前移;三是明确了政府、学校、家庭和社会各方面在预防未成年人犯罪中的责任,构建了多元共治的预防体系。

2020年修订的预防未成年人犯罪法,进一步强化了对未成年人不良行为和严重不良行为的干预措施,完善了专门教育制度,体现了“教育、感化、挽救”的方针和“教育为主、惩罚为辅”的原则,更加符合新时代未成年人保护工作的需要。

二、法律主要内容与结构

《中华人民共和国预防未成年人犯罪法》共7章68条,系统规定了预防未成年人犯罪的工作机制、预防教育、不良行为干预、严重不良行为矫治、重新犯罪预防及法律责任等内容。

第一章“总则”明确了立法目的、适用范围和基本原则。立法目的是保障未成年人身心健康，培养未成年人良好品行，有效预防未成年人违法犯罪。该法适用于未满十八周岁的公民，坚持预防为主、提前干预，尊重未成年人人格尊严，保护其合法权益。

第二章“预防犯罪的教育”规定了家庭、学校、政府和社会各方面在未成年人教育中的责任。强调对未成年人进行理想、道德、法治和爱国主义、集体主义、社会主义教育，培养其社会责任意识和守法意识。

第三章“对不良行为的干预”界定了不良行为的具体表现，如旷课、夜不归宿、沉迷网络等，规定了家庭、学校、居民委员会、村民委员会等对不良行为的早期干预措施，体现了“抓早抓小”的预防理念。

第四章“对严重不良行为的矫治”明确了严重不良行为的概念，如结伙斗殴、吸毒、参与赌博等，规定了公安机关可以采取的多项矫治教育措施，并完善了专门教育制度，对不适宜继续留在普通学校学习的学生实施专门教育。

第五章“对重新犯罪的预防”规定了对涉罪未成年人的特殊司法保护措施，强调依法从宽处理，做好刑满释放后的安置帮教工作，防止再次犯罪。

第六章“法律责任”规定了违反本法规定应承担的法律责任，包括行政责任和刑事责任，强化了法律执行的刚性约束。

第七章“附则”规定了法律的施行日期。

三、实施机制与各方责任

预防未成年人犯罪法建立了政府主导、多方协作的实施机制，明确了各责任主体的具体职责：

政府部门承担主要责任。法律规定各级政府在预防未成年人犯罪工作中的领导责任，要求将此项工作纳入经济社会发展规划和年度计划，所需经费列入本级预算。教育、公安、民政等部门按照各自职责做好相关工作，共青团、妇联等人民团体发挥积极作用。

家庭是第一责任主体。法律强调父母或其他监护人对未成年人负有直接教育责任，应当关注未成年人生理、心理状况和行为习惯，以健康思想、良好品行和适当方法教育未成年人。监护人不得放任未成年人有不良或严重不良行为，否则将受到批评教育或公安机关训诫。

学校是预防教育的主阵地。法律规定学校应当将预防犯罪教育纳入教学计划，聘任法治副校长或法治辅导员，开展法治教育。学校发现学生有不良行为时应及时制止管教，与家长沟通；对有严重不良行为的学生，可以采取管理教育措施或依法送专门学校。

社会各方面都有参与义务。法律规定居民委员会、村民委员会应当掌握辖区内未成年人的就学、就业情况，协助维护校园周边安全；用人单位不得招用未满16周岁的未成年人；任何组织或个人不得教唆、胁迫、引诱未成年人实施不良行为或严重不良行为。

司法机关在预防未成年人重新犯罪中发挥关键作用。法律规定公安机关、人民检察院、人民法院办理未成年人案件应当采取适合其特点的方式，注重教育、感化、挽救。对违法犯罪的未成年人实行教育、感化、挽救的方针，坚持教育为主、惩罚为辅的原则。

《中华人民共和国预防未成年人犯罪法》是我国未成年人法律保护体系的重要组成部分，体现了国家对未成年人健康成长的高度重视。该法构建的分级预防干预体系、专门教育制度等创新机制，符合未成年人身心发展特点，为预防未成年人犯罪提供了有力的法律保障。

第二部分　法条摘编

第一条　为了保障未成年人身心健康，培养未成年人良好品行，有效预防未成年人违法犯罪，制定本法。

第二条　预防未成年人犯罪，立足于教育和保护未成年人相结合，坚持预防为主、提前干预，对未成年人的不良行为和严重不良行为及时进行分级预防、干预和矫治。

第三条　开展预防未成年人犯罪工作，应当尊重未成年人人格尊严，保护未成年人的名誉权、隐私权和个人信息等合法权益。

第二十八条　本法所称不良行为，是指未成年人实施的不利于其健康成长的下列行为：

（一）吸烟、饮酒；

（二）多次旷课、逃学；

（三）无故夜不归宿、离家出走；

（四）沉迷网络；

（五）与社会上具有不良习性的人交往，组织或者参加实施不良行为的团伙；

（六）进入法律法规规定未成年人不宜进入的场所；

（七）参与赌博、变相赌博，或者参加封建迷信、邪教等活动；

（八）阅览、观看或者收听宣扬淫秽、色情、暴力、恐怖、极端等内容的读物、音像制品或者网络信息等；

（九）其他不利于未成年人身心健康成长的不良行为。

第二十九条　未成年人的父母或者其他监护人发现未成年人有不良行为的，应当及时制止并加强管教。

第三十条　公安机关、居民委员会、村民委员会发现本辖区内未成年人有不良行为的，应当及时制止，并督促其父母或者其他监护人依法履行监护职责。

第三十一条　学校对有不良行为的未成年学生，应当加强管理教育，不得歧视；对拒不改正或者情节严重的，学校可以根据情况予以处分或者采取以下管理教育措施：

（一）予以训导；

（二）要求遵守特定的行为规范；

（三）要求参加特定的专题教育；

（四）要求参加校内服务活动；

（五）要求接受社会工作者或者其他专业人员的心理辅导和行为干预；

（六）其他适当的管理教育措施。

第三十二条　学校和家庭应当加强沟通，建立家校合作机制。学校决定对未成年学生采取管理教育措施的，应当及时告知其父母或者其他监护人；未成年学生的父母或者其他监护人应当支持、配合学校进行管理教育。

第三十三条 未成年学生偷窃少量财物，或者有殴打、辱骂、恐吓、强行索要财物等学生欺凌行为，情节轻微的，可以由学校依照本法第三十一条规定采取相应的管理教育措施。

第三十四条 未成年学生旷课、逃学的，学校应当及时联系其父母或者其他监护人，了解有关情况；无正当理由的，学校和未成年学生的父母或者其他监护人应当督促其返校学习。

第三十五条 未成年人无故夜不归宿、离家出走的，父母或者其他监护人、所在的寄宿制学校应当及时查找，必要时向公安机关报告。

收留夜不归宿、离家出走未成年人的，应当及时联系其父母或者其他监护人、所在学校；无法取得联系的，应当及时向公安机关报告。

第三十六条 对夜不归宿、离家出走或者流落街头的未成年人，公安机关、公共场所管理机构等发现或者接到报告后，应当及时采取有效保护措施，并通知其父母或者其他监护人、所在的寄宿制学校，必要时应当护送其返回住所、学校；无法与其父母或者其他监护人、学校取得联系的，应当护送未成年人到救助保护机构接受救助。

第三十七条 未成年人的父母或者其他监护人、学校发现未成年人组织或者参加实施不良行为的团伙，应当及时制止；发现该团伙有违法犯罪嫌疑的，应当立即向公安机关报告。

第三十八条 本法所称严重不良行为，是指未成年人实施的有刑法规定、因不满法定刑事责任年龄不予刑事处罚的行为，以及严重危害社会的下列行为：

（一）结伙斗殴，追逐、拦截他人，强拿硬要或者任意损毁、占用公私财物等寻衅滋事行为；

（二）非法携带枪支、弹药或者弩、匕首等国家规定的管制器具；

（三）殴打、辱骂、恐吓，或者故意伤害他人身体；

（四）盗窃、哄抢、抢夺或者故意损毁公私财物；

（五）传播淫秽的读物、音像制品或者信息等；

（六）卖淫、嫖娼，或者进行淫秽表演；

（七）吸食、注射毒品，或者向他人提供毒品；

（八）参与赌博赌资较大；

（九）其他严重危害社会的行为。

第三十九条 未成年人的父母或者其他监护人、学校、居民委员会、村民委员会发现有人教唆、胁迫、引诱未成年人实施严重不良行为的，应当立即向公安机关报告。公安机关接到报告或者发现有上述情形的，应当及时依法查处；对人身安全受到威胁的未成年人，应当立即采取有效保护措施。

第四十条 公安机关接到举报或者发现未成年人有严重不良行为的，应当及时制止，依法调查处理，并可以责令其父母或者其他监护人消除或者减轻违法后果，采取措施严加管教。

第四十一条 对有严重不良行为的未成年人，公安机关可以根据具体情况，采取以下矫治教育措施：

(一)予以训诫;

(二)责令赔礼道歉、赔偿损失;

(三)责令具结悔过;

(四)责令定期报告活动情况;

(五)责令遵守特定的行为规范,不得实施特定行为、接触特定人员或者进入特定场所;

(六)责令接受心理辅导、行为矫治;

(七)责令参加社会服务活动;

(八)责令接受社会观护,由社会组织、有关机构在适当场所对未成年人进行教育、监督和管束;

(九)其他适当的矫治教育措施。

第四十二条 公安机关在对未成年人进行矫治教育时,可以根据需要邀请学校、居民委员会、村民委员会以及社会工作服务机构等社会组织参与。

未成年人的父母或者其他监护人应当积极配合矫治教育措施的实施,不得妨碍阻挠或者放任不管。

第四十三条 对有严重不良行为的未成年人,未成年人的父母或者其他监护人、所在学校无力管教或者管教无效的,可以向教育行政部门提出申请,经专门教育指导委员会评估同意后,由教育行政部门决定送入专门学校接受专门教育。

第四十四条 未成年人有下列情形之一的,经专门教育指导委员会评估同意,教育行政部门会同公安机关可以决定将其送入专门学校接受专门教育:

(一)实施严重危害社会的行为,情节恶劣或者造成严重后果;

(二)多次实施严重危害社会的行为;

(三)拒不接受或者配合本法第四十一条规定的矫治教育措施;

(四)法律、行政法规规定的其他情形。

第四十五条 未成年人实施刑法规定的行为、因不满法定刑事责任年龄不予刑事处罚的,经专门教育指导委员会评估同意,教育行政部门会同公安机关可以决定对其进行专门矫治教育。

省级人民政府应当结合本地的实际情况,至少确定一所专门学校按照分校区、分班级等方式设置专门场所,对前款规定的未成年人进行专门矫治教育。

前款规定的专门场所实行闭环管理,公安机关、司法行政部门负责未成年人的矫治工作,教育行政部门承担未成年人的教育工作。

第四十六条 专门学校应当在每个学期适时提请专门教育指导委员会对接受专门教育的未成年学生的情况进行评估。对经评估适合转回普通学校就读的,专门教育指导委员会应当向原决定机关提出书面建议,由原决定机关决定是否将未成年学生转回普通学校就读。

原决定机关决定将未成年学生转回普通学校的,其原所在学校不得拒绝接收;因特殊情况,不适宜转回原所在学校的,由教育行政部门安排转学。

第四十七条 专门学校应当对接受专门教育的未成年人分级分类进行教育和矫治,

有针对性地开展道德教育、法治教育、心理健康教育，并根据实际情况进行职业教育；对没有完成义务教育的未成年人，应当保证其继续接受义务教育。

专门学校的未成年学生的学籍保留在原学校，符合毕业条件的，原学校应当颁发毕业证书。

第四十八条 专门学校应当与接受专门教育的未成年人的父母或者其他监护人加强联系，定期向其反馈未成年人的矫治和教育情况，为父母或者其他监护人、亲属等看望未成年人提供便利。

第四十九条 未成年人及其父母或者其他监护人对本章规定的行政决定不服的，可以依法提起行政复议或者行政诉讼。

第五十条 公安机关、人民检察院、人民法院办理未成年人刑事案件，应当根据未成年人的生理、心理特点和犯罪的情况，有针对性地进行法治教育。

对涉及刑事案件的未成年人进行教育，其法定代理人以外的成年亲属或者教师、辅导员等参与有利于感化、挽救未成年人的，公安机关、人民检察院、人民法院应当邀请其参加有关活动。

第五十一条 公安机关、人民检察院、人民法院办理未成年人刑事案件，可以自行或者委托有关社会组织、机构对未成年犯罪嫌疑人或者被告人的成长经历、犯罪原因、监护、教育等情况进行社会调查；根据实际需要并经未成年犯罪嫌疑人、被告人及其法定代理人同意，可以对未成年犯罪嫌疑人、被告人进行心理测评。

社会调查和心理测评的报告可以作为办理案件和教育未成年人的参考。

第五十二条 公安机关、人民检察院、人民法院对于无固定住所、无法提供保证人的未成年人适用取保候审的，应当指定合适成年人作为保证人，必要时可以安排取保候审的未成年人接受社会观护。

第五十三条 对被拘留、逮捕以及在未成年犯管教所执行刑罚的未成年人，应当与成年人分别关押、管理和教育。对未成年人的社区矫正，应当与成年人分别进行。

对有上述情形且没有完成义务教育的未成年人，公安机关、人民检察院、人民法院、司法行政部门应当与教育行政部门相互配合，保证其继续接受义务教育。

第五十四条 未成年犯管教所、社区矫正机构应当对未成年犯、未成年社区矫正对象加强法治教育，并根据实际情况对其进行职业教育。

第五十五条 社区矫正机构应当告知未成年社区矫正对象安置帮教的有关规定，并配合安置帮教工作部门落实或者解决未成年社区矫正对象的就学、就业等问题。

第五十六条 对刑满释放的未成年人，未成年犯管教所应当提前通知其父母或者其他监护人按时接回，并协助落实安置帮教措施。没有父母或者其他监护人、无法查明其父母或者其他监护人的，未成年犯管教所应当提前通知未成年人原户籍所在地或者居住地的司法行政部门安排人员按时接回，由民政部门或者居民委员会、村民委员会依法对其进行监护。

第五十七条 未成年人的父母或者其他监护人和学校、居民委员会、村民委员会对接受社区矫正、刑满释放的未成年人，应当采取有效的帮教措施，协助司法机关以及有关部门做好安置帮教工作。

居民委员会、村民委员会可以聘请思想品德优秀，作风正派，热心未成年人工作的离退休人员、志愿者或其他人员协助做好前款规定的安置帮教工作。

第五十八条 刑满释放和接受社区矫正的未成年人，在复学、升学、就业等方面依法享有与其他未成年人同等的权利，任何单位和个人不得歧视。

第五十九条 未成年人的犯罪记录依法被封存的，公安机关、人民检察院、人民法院和司法行政部门不得向任何单位或者个人提供，但司法机关因办案需要或者有关单位根据国家有关规定进行查询的除外。依法进行查询的单位和个人应当对相关记录信息予以保密。

未成年人接受专门矫治教育、专门教育的记录，以及被行政处罚、采取刑事强制措施和不起诉的记录，适用前款规定。

第六十条 人民检察院通过依法行使检察权，对未成年人重新犯罪预防工作等进行监督。

第六十一条 公安机关、人民检察院、人民法院在办理案件过程中发现实施严重不良行为的未成年人的父母或者其他监护人不依法履行监护职责的，应当予以训诫，并可以责令其接受家庭教育指导。

第六十二条 学校及其教职员工违反本法规定，不履行预防未成年人犯罪工作职责，或者虐待、歧视相关未成年人的，由教育行政等部门责令改正，通报批评；情节严重的，对直接负责的主管人员和其他直接责任人员依法给予处分。构成违反治安管理行为的，由公安机关依法予以治安管理处罚。

教职员工教唆、胁迫、引诱未成年人实施不良行为或者严重不良行为，以及品行不良、影响恶劣的，教育行政部门、学校应当依法予以解聘或者辞退。

第六十三条 违反本法规定，在复学、升学、就业等方面歧视相关未成年人的，由所在单位或者教育、人力资源社会保障等部门责令改正；拒不改正的，对直接负责的主管人员或者其他直接责任人员依法给予处分。

第六十四条 有关社会组织、机构及其工作人员虐待、歧视接受社会观护的未成年人，或者出具虚假社会调查、心理测评报告的，由民政、司法行政等部门对直接负责的主管人员或者其他直接责任人员依法给予处分，构成违反治安管理行为的，由公安机关予以治安管理处罚。

第六十五条 教唆、胁迫、引诱未成年人实施不良行为或者严重不良行为，构成违反治安管理行为的，由公安机关依法予以治安管理处罚。

第六十六条 国家机关及其工作人员在预防未成年人犯罪工作中滥用职权、玩忽职守、徇私舞弊的，对直接负责的主管人员和其他直接责任人员，依法给予处分。

第六十七条 违反本法规定，构成犯罪的，依法追究刑事责任。

第三部分　案例解析

一、未成年人实施抢劫获刑案

【法条链接】

《中华人民共和国刑法》第十七条　已满十六周岁的人犯罪，应当负刑事责任。

已满十四周岁不满十六周岁的人，犯故意杀人、故意伤害致人重伤或者死亡、强奸、抢劫、贩卖毒品、放火、爆炸、投放危险物质罪的，应当负刑事责任。

已满十二周岁不满十四周岁的人，犯故意杀人、故意伤害罪，致人死亡或者以特别残忍手段致人重伤造成严重残疾，情节恶劣，经最高人民检察院核准追诉的，应当负刑事责任。

对依照前三款规定追究刑事责任的不满十八周岁的人，应当从轻或者减轻处罚。

因不满十六周岁不予刑事处罚的，责令其父母或者其他监护人加以管教；在必要的时候，依法进行专门矫治教育。

《中华人民共和国刑法》第二十五条　共同犯罪是指二人以上共同故意犯罪。

二人以上共同过失犯罪，不以共同犯罪论处；应当负刑事责任的，按照他们所犯的罪分别处罚。

《中华人民共和国刑法》第六十七条　犯罪以后自动投案，如实供述自己的罪行的，是自首。对于自首的犯罪分子，可以从轻或者减轻处罚。其中，犯罪较轻的，可以免除处罚。

被采取强制措施的犯罪嫌疑人、被告人和正在服刑的罪犯，如实供述司法机关还未掌握的本人其他罪行的，以自首论。

犯罪嫌疑人虽不具有前两款规定的自首情节，但是如实供述自己罪行的，可以从轻处罚；因其如实供述自己罪行，避免特别严重后果发生的，可以减轻处罚。

《中华人民共和国刑法》第二百六十三条　以暴力、胁迫或者其他方法抢劫公私财物的，处三年以上十年以下有期徒刑，并处罚金；有下列情形之一的，处十年以上有期徒刑、无期徒刑或者死刑，并处罚金或者没收财产：

（一）入户抢劫的；

（二）在公共交通工具上抢劫的；

（三）抢劫银行或者其他金融机构的；

（四）多次抢劫或者抢劫数额巨大的；

（五）抢劫致人重伤、死亡的；

（六）冒充军警人员抢劫的；

（七）持枪抢劫的；

（八）抢劫军用物资或者抢险、救灾、救济物资的。

《最高人民法院关于审理抢劫、抢夺刑事案件适用法律若干问题的意见》第三条　关于“多次抢劫”的认定　刑法第二百六十三条第四项中的“多次抢劫”是指抢劫三次以上。

案例一

【基本案情】

2021 年 3 月 26 日凌晨，未成年人柯某某、陈某、郭某某沿着某某市北川路与龙潭侧路路段，先后在民主路某旅行社附近、龙潭侧路某超市、某宾馆门口对 4 名学生实施了抢劫，金额共计 575 元。后 3 人到公安机关投案自首。一审分别判处 3 人有期徒刑 3 年。柯某某、陈某不服一审判决提起上诉。辩护律师认为，3 名未成年被告人基于同一犯意，在 500 余米的路段上，实施连续抢劫犯罪，间隔不到一个小时，具有连续性，应依法认定为一次抢劫。3 人作案时未满 16 周岁，应当从轻或减轻处罚；犯罪以后自动投案，如实供述自己的罪行，系自首，可以从轻或减轻处罚；认罪认罚，具有赔偿谅解情节，可以从轻从宽处理。

【判决结果】

某某市中院采纳了辩护律师的意见，做出终审判决：撤销原判，对柯某某、陈某某判处 9 个月有期徒刑，并处罚金 1000 元。对郭某某判处有期徒刑 1 年 2 个月，并处罚金 1000 元。

案例二

【基本案情】

2010 年 9 月 25 日 23 时 30 分许，被告人罗某伙同凌某、廖某等 6 人预谋抢劫，6 人到某某市某区二桥广场草坪处，见被害人韦某持手提袋步行经过，遂由凌某手持铁棍在旁边望风，罗某等人围上去拦截韦某，强行劫取其身上的手提袋。抢包过程中，被害人韦某右手手臂被咬伤。因被害人韦某紧握手提袋不放并当场呼救，被告人罗某等 6 人见附近有人即逃跑。被告人罗某等人在逃跑途中被公安人员抓获。被告人罗某以非法占有为目的，采取暴力手段，劫取他人财物，其行为已构成抢劫罪。公诉机关指控被告人罗某犯抢劫罪成立。被告人罗某已经着手实行犯罪，由于其意志以外的原因未能得逞，是犯罪未遂，依法比照既遂犯减轻处罚。

【判决结果】

被告人罗某作案时未满 18 周岁，依法予以从轻处罚。鉴于被告人认罪态度较好，酌情予以从轻处罚。根据被告人犯罪的事实、性质、情节及对社会的危害程度和认罪态度，判决被告人罗某犯抢劫罪，判决有期徒刑 1 年 6 个月，并处罚金 1000 元。

【案例评析】

近年来，未成年人犯罪上升趋势明显。直接原因有缺乏消费性资金，如沾上网瘾而无钱上网等，间接原因有缺乏家庭、学校的教育和管理。在对未成年团伙抢劫的案例调查中，年龄在 15 至 18 周岁之间的犯罪案件数量比例大，这个阶段的未成年人特点是同时具有较为成熟的身体素质和不太成熟的心理素质。在特定条件和环境下，容易提高涉罪的风险。

电子游戏、短视频、网络小说等存在的不健康的社会文化，对涉世不深、抗诱惑力不强的青少年的危害是很深的。一些影视剧、短视频中播放的犯罪画面以及过程、网络小说人物语言的不健康观点，电子游戏中大量宣扬暴力、色情的内容，较容易诱发青少年犯罪。青少年无经济来源，当囊中羞涩，抵挡不住诱惑时，就有可能由内向外，从小偷小摸到公开敲诈抢劫，甚至杀人谋财，走上违法犯罪的道路。该案具有典型的参考价值，体现了对未成年人“教育为主，惩罚为辅”的原则。未成年人犯罪，与家庭因素分不开，比如：单亲家庭的影响、父母与子女不能很好地沟通等，社会因素也是未成年人犯罪的一个诱因，比如一些公共场所未成年人不得入内形同虚设，给未成年人犯罪提供了条件，社会没有履行好保护未成年人的社会责任。司法机关在打击犯罪的同时，也应对未成年人犯罪多一些关注。

根据《最高人民法院关于审理未成年人刑事案件的若干规定》，审理未成年人刑事案件，应坚持教育为主、惩罚为辅的原则，执行教育、感化、挽救的方针，对未成年人进行说服教育，使他重新回到社会，做一个对社会有用的人。

二、未成年人实施盗窃获刑案

【法条链接】

《中华人民共和国刑法》第二百六十四条　盗窃公私财物，数额较大的，或者多次盗窃、入户盗窃、携带凶器盗窃、扒窃的，处三年以下有期徒刑、拘役或者管制，并处或者单处罚金；数额巨大或者有其他严重情节的，处三年以上十年以下有期徒刑，并处罚金；数额特别巨大或者有其他特别严重情节的，处十年以上有期徒刑或者无期徒刑，并处罚金或者没收财产。

《最高人民法院、最高人民检察院关于办理盗窃刑事案件适用法律若干问题的解释》第一条　盗窃公私财物价值一千元至三千元以上、三万元至十万元以上、三十万元至五十万元以上的，应当分别认定为刑法第二百六十四条规定的“数额较大”“数额巨大”“数额特别巨大”。

《最高人民法院、最高人民检察院关于办理盗窃刑事案件适用法律若干问题的解释》第三条　二年内盗窃三次以上的，应当认定为“多次盗窃”。非法进入供他人家庭生活，与外界相对隔离的住所盗窃的，应当认定为“入户盗窃”。携带枪支、爆炸物、管制刀具等国家禁止个人携带的器械盗窃，或者为了实施违法犯罪携带其他足以危害他人人身安全的器械盗窃的，应当认定为“携带凶器盗窃”。在公共场所或者公共交通工具上盗窃他人随身携带的财物的，应当认定为“扒窃”。

《中华人民共和国预防未成年人犯罪法》第十六条　未成年人的父母或者其他监护人对未成年人的预防犯罪教育负有直接责任，应当依法履行监护职责，树立优良家风，培养未成年人良好品行；发现未成年人心理或者行为异常的，应当及时了解情况并进行教育、引导和劝诫，不得拒绝或者怠于履行监护职责。

《中华人民共和国预防未成年人犯罪法》第二十九条　未成年人的父母或者其他监护人发现未成年人有不良行为的，应当及时制止并加强管教。

《中华人民共和国家庭教育促进法》第二十条　未成年人的父母分居或者离异的，应当相互配合履行家庭教育责任，任何一方不得拒绝或者怠于履行；除法律另有规定外，不得阻碍另一方实施家庭教育。

《中华人民共和国家庭教育促进法》第二十一条　未成年人的父母或者其他监护人依法委托他人代为照护未成年人的，应当与被委托人、未成年人保持联系，定期了解未成年人学习、生活情况和心理状况，与被委托人共同履行家庭教育责任。

案例一

【基本案情】

2023年7月1日至9日，被告人李某某（16岁）先后5次在某县某小区盗窃被害人李某某车内现金、香烟等财物。其中7月1日盗窃香烟2盒；7月2日盗窃矿泉水2瓶；7月4日盗窃香烟2盒和170元现金；7月8日盗窃香烟16盒；7月9日盗窃香烟2盒。

2023年7月25日，被告人李某某在某县某小区盗窃被害人刘某某放在储藏室内白酒6瓶和矿泉水24瓶。

因涉嫌犯盗窃罪，2023年8月8日，被告人李某某被某县公安局刑事拘留。经某县人民检察院批准，2023年9月13日由某县公安局执行逮捕。

【判决结果】

被告人李某某多次盗窃他人财物，数额较大，其行为已构成盗窃罪。被告人李某某犯罪时系未成年人，依法对其从轻处罚；其到案后如实供述自己的犯罪事实，系坦白，认罪认罚并在审查起诉阶段自愿签署认罪认罚具结书，可对其从轻处罚。根据被告人李某某的犯罪事实、情节及认罪、悔罪态度及社会危害性程度，依照《中华人民共和国刑法》第二百六十四条，第十七条第一、四款，第五十二条，第六十七条第三款和《中华人民共和国刑事诉讼法》第十五条之规定，判决如下：被告人李某某犯盗窃罪，判处有期徒刑6个月，并处罚金2000元。

案例二

【基本案情】

小俊（化名）16岁，男，幼时父母离异，随父生活，因其父亲跑大车运输，常年在外，小俊实际上从小与其奶奶共同生活，长期缺乏父母的关心和管教，奶奶也因为年事已高身体不好，管教小俊力不从心。在小俊的成长过程中，长期缺乏家庭教育，上学期间学习成绩一直不好，初中时开始混迹社会，渐渐养成了抽烟等不良行为，并实施盗窃违法行为。未满16周岁前，曾多次被公安机关传唤，训诫，要求其父亲带回严加管教，效果甚微。16周岁后仍不收手，为谋求钱财，夜间在县城伺机行窃，使用螺丝刀和钳子盗窃电动车或者电动车电瓶，盗窃后卖掉，将钱款挥霍。自2023年10月至案发多次实施盗窃，数额较大，检察院提起公诉。

【判决结果】

经帮教，小俊充分认识到自己行为的危害性，自愿认罪认罚，表示一定改过自新，以后重新做人。庭审中，小俊流下悔恨的泪水，并说道："在看守所的这几个月，让我明白了违法犯罪就要受到惩罚，以后我再也不做违法的事情了，一定好好做人。"2024年5月4日小俊被判处有期徒刑7个月并处罚金。

【案例评析】

未成年人盗窃的主要原因：

（一）犯罪嫌疑人法律意识淡薄，侥幸心理作祟。在未成年人盗窃案中，大多数未成年犯罪嫌疑人文化水平较低，初中学历占比较高。部分未成年人知法犯法，将刑事责任年龄作为“挡箭牌”，频频参与盗窃犯罪，社会危害性较大。

（二）家庭教育缺位。主要有以下情形：监护不到位，部分未成年犯罪嫌疑人属于留守儿童或者父母离异、父母平日疏于管教，部分未成年犯罪嫌疑人的家庭教育理念出现偏差、父母管教方式不当。

（三）学校管理存在漏洞。学校监管和社会监管衔接不畅，部分辍学或休学的未成年人处于事实无人监管“真空地带”，容易在不法分子引诱下实施犯罪。个别学校管理存在疏漏，对学生的关注程度不够。例如，钱某某长期无理由旷课，学校及老师未及时督促其返回学校，后钱某某在社会朋友的诱惑下共同实施盗窃。部分学校思想道德及法治宣传教育工作不到位。数字时代，网络信息鱼龙混杂，未成年人分辨能力较弱，部分学校“重智育轻德育”的模式难以全面引导学生树立正确的价值观。

（四）教育惩戒存在现实困难。一方面，根据《公安机关办理行政案件程序规定》第一百六十四条规定，对于违法行为人已满十四周岁不满十六周岁的，应当给予行政拘留处罚，但不送拘留所执行。这导致对未成年人盗窃行为进行行政处罚的力度有限。另一方面，部分未成年犯罪嫌疑人不珍惜附条件不起诉机会。某某市检察机关对 81 名未成年犯罪嫌疑人做出附条件不起诉决定，但其中 12 人在考验期内实施新的犯罪、违反治安管理处罚规定情节严重，被撤销附条件不起诉并提起公诉。

对策建议：

（一）做实家庭教育指导，并让监护“归位”。要加强部门协作，推动家庭教育指导工作高标准，组建由司法人员、心理咨询师、家庭教育指导师、社会工作者等共同参与的专业化家庭教育指导团队，通过制定个性化方案，为涉案未成年人家庭提供精准指导。要强化罪错未成年人临界预防。

（二）推动学校责任落实，堵住管理“漏洞”。检察机关要充分发挥法治副校长作用，引导教职人员采取多种方式对学生进行针对性预防犯罪教育：要督促教育部门、学校做好控辍保学工作，建议教育部门定期开展控辍保学政策宣传，形成家校共育合力，同时对各所学校进行全覆盖交叉检查，督促学校强化环境监管，严防社会闲散人员引诱、拉拢、教唆在校学生实施盗窃行为。

（三）凝聚社会治理合力，织密“防护网”。第一，要加大对特殊场所的监管力度。公安机关等相关职能部门持续开展专项行动，督促电竞酒店、宾馆等场所严格落实实名登记制度，预防这些特殊场所成为未成年人犯罪团伙集聚地。第二，要严厉打击销赃违法犯罪。建议公安机关对辖区名烟名酒回收、手机回收等行业进行专项清查，督促回收从业者做好收购物品登记。第三，要强化重点防控。建议公安机关强化夜间重点时段巡逻密度和力度，对违法犯罪形成震慑。

（四）加强监管教育，为未成年人成长扫除“雾霾”。第一，要让专门学校发挥作用。对不满法定刑事责任年龄、有多次盗窃行为、情节严重、屡教不改的未成年人，送入专门学校进行教育，进一步纠正行为偏差。第二，要开展精准帮教。盗窃犯罪属于犯罪中的“顽瘴痼疾”，帮教涉罪未成年人应坚持以人为本，制定包含情绪疏导、家庭关系修复和社会价值重塑等内容的个性化帮教方案。第三，要注重普法宣传教育，提升预防实效，向未成年人传递正确的法治观念和价值取向。

每一个问题孩子背后往往都有一个问题家庭，如果其能在成长过程中得到父母或者其他监护人有效的教育和引导，也不至于走上违法犯罪的道路。

三、未成年人寻衅滋事罪获刑案

【法条链接】

《中华人民共和国刑法》第二百九十三条　【寻衅滋事罪】有下列寻衅滋事行为之一，破坏社会秩序的，处五年以下有期徒刑、拘役或者管制：

（一）随意殴打他人，情节恶劣的；

（二）追逐、拦截、辱骂、恐吓他人，情节恶劣的；

（三）强拿硬要或者任意损毁、占用公私财物，情节严重的；

（四）在公共场所起哄闹事，造成公共场所秩序严重混乱的。

纠集他人多次实施前款行为，严重破坏社会秩序的，处五年以上十年以下有期徒刑，可以并处罚金。

《最高人民法院、最高人民检察院关于办理寻衅滋事刑事案件适用法律若干问题的解释》第一条　行为人为寻求刺激、发泄情绪、逞强耍横等，无事生非，实施刑法第二百九十三条规定的行为的，应当认定为“寻衅滋事”。

《最高人民法院、最高人民检察院关于办理寻衅滋事刑事案件适用法律若干问题的解释》第二条　随意殴打他人，破坏社会秩序，具有下列情形之一的，应当认定为刑法第二百九十三条第一款第一项规定的“情节恶劣”：

（一）致一人以上轻伤或者二人以上轻微伤的；

（二）引起他人精神失常、自杀等严重后果的；

（三）多次随意殴打他人的；

（四）持凶器随意殴打他人的；

（五）随意殴打精神病人、残疾人、流浪乞讨人员、老年人、孕妇、未成年人，造成恶劣社会影响的；

（六）在公共场所随意殴打他人，造成公共场所秩序严重混乱的；

（七）其他情节恶劣的情形。

案例一

【基本案情】

2017年9月起，被告人许某、李某等5人在被害人李某就读于某某市某职业技术学校期间，经常对其无故欺负、殴打。2018年6月4日至6日期间，在学校多次对被害人李某进行拳打脚踢，还对其双手进行反绑，利用皮带、拖布棍对其进行殴打。

【判决结果】

判决被告人许某、李某等5人，共同多次随意殴打他人，情节恶劣，其行为构成寻衅滋事罪。因5个被告人在犯罪时未满18周岁，应当从轻处罚。亲属在案发后积极赔偿被害人损失，取得被害人谅解，可酌情从轻处罚。根据量刑情节和悔罪表现，不致再危害社会，符合法律规定的适用缓刑的情形，遂判决被告人许某、李某等5人犯寻衅滋事罪，判处拘役6个月，缓刑1年。

案例二

【基本案情】

被告人张某在上学期间与同学秦某关系较好，并曾帮助过秦某。张某在毕业联系工作时让秦某帮忙，因秦某不予提供帮助而心生不满。

2007年6月17日17时许，张某得知秦某要到某生态园游玩，便电话通知被告人韩某到某生态园“收拾”秦某。韩某接到电话后，即骑车带着被告人倪某赶到某生态园。在某生态园，张某向韩某指认秦某后，韩某、倪某遂上前对秦某进行殴打。然后，张某要求秦某给钱，因秦某身上钱少，便要走其手机2部，并让其第二天拿钱换回手机，张某、韩某各带走一部手机。后经秦某松索要，张某将一部手机归还，但另一部手机被张某卖掉，赃款被张某和韩某挥霍。经鉴定，两部手机共计价值1033元。

【判决结果】

判决被告人张某、韩某、倪某随意殴打他人，强拿硬要，情节恶劣，其行为均已构成寻衅滋事罪。于2007年11月19日做出刑事判决，认定被告人张某、韩某、倪某犯寻衅滋事罪，分别判处被告人张某有期徒刑1年零6个月，判处被告人韩某有期徒刑1年，判处被告人倪某有期徒刑6个月。

【案例评析】

未成年人犯寻衅滋事罪原因分析：

（一）正值青春期的未成年人自身特点所致。青春期正是人一生中较易发生变化的时期，青春期的青少年心理和生理都不成熟，易冲动，思想尚未定型，辨别是非的能力差，但他们的好胜心及模仿性又极强，这就使得他们往往容易受到外界的影响而误入歧途。

（二）社会舆论缺乏正确的教育引导，形成了错误的行为导向。具体言之，可以概括为以下几点内容：一是影视剧多存在暴力情节，并多以所谓的“义气”为正面讴歌的主题。这就使得尚无完全辨别能力的青少年产生模仿的心理，当现实生活中出现类似的情况时，他们很容易“寄情于景”，从而诱发犯罪。二是网络资信泛滥，缺乏监管。网络的发展与普及，一方面给人们获取知识带来便利的同时，也产生了一个很严峻的问题：资信信息审核不严，导致各种资信泛滥，不良信息严重侵蚀着未成年人的思想。三是网络游戏多血腥、暴力。网络游戏中的虚拟世界在极大地满足青少年感官刺激的同时，也极大地影响着他们单纯的心理和行为。一旦在现实生活中遇到类似游戏中的情形，游戏中的“我”与现实中的“我”发生重合，极易引发犯罪。

“勿以恶小而为之，勿以善小而不为”，这也给未成年人敲响警钟。未成年人这个身份不意味着可以为所欲为，即便未成年人犯罪，也要为自己的行为付出应有的代价。监护人在未成年人的成长过程中扮演着至关重要的角色，应当注重对子女的关心，引导未成年人塑造正确的世界观、人生观、价值观。

随意殴打他人，并采用蛮不讲理的手段强行索要他人财物，其行为符合寻衅滋事罪的主客观要件。未成年人涉世未深，本应该在学校接受教育学习知识，却因为家庭、社会环境等各种原因造成心理缺陷，易形成暴力、冲动的性格，未成年人对于法律的认识也不深刻，法盲、不服法等现象频频出现在未成年人群体。未成年人是国家的希望，提高未成年人法律意识，维护未成年人合法权益，营造和谐的学习生活环境，需要社会各界共同努力。

四、未成年人故意伤害罪获刑案

【法条链接】

《中华人民共和国刑法》第二百三十四条　故意伤害他人身体的，处三年以下有期徒刑、拘役或者管制。犯前款罪，致人重伤的，处三年以上十年以下有期徒刑；致人死亡或者以特别残忍手段致人重伤造成严重残疾的，处十年以上有期徒刑、无期徒刑或者死刑。本法另有规定的，依照规定。

案例一

【基本案情】

被告人赵某某与被害人李某某系某某省某高中同班同学。2011 年 11 月 14 日，二人因琐事产生矛盾。同年 11 月 16 日 18 时许，赵某某持水果刀在教室内将李某某捅伤，造成李某某脾破裂、肝破裂、胃破裂。经鉴定，李某某构成重伤。案发后，赵某某亲属积极赔偿李某某经济损失，取得了李某某及其亲属谅解。

在审理过程中，人民法院对被告人赵某某进行了社会调查，了解到赵某某平时在学校表现较好，其实施犯罪系一时冲动所为。在庭审过程中，赵某某也认识到了自己行为的社会危害性，当庭表示悔罪。

【判决结果】

判决被告人赵某某犯故意伤害罪，判处有期徒刑 3 年，缓刑 3 年。现该判决已经生效。

案例二

【基本案情】

被告人徐某因自习时说话与路某（已判决）发生口角，二人相约斗殴。后徐某纠集被告人董某某等人，持刀、钢管等工具，于 2013 年 11 月 22 日 12 时许，与路某纠集的被告人张某某等人，在某某市某电子城南墙外聚众斗殴，致多人受伤。经法医学鉴定，张某某等 3 人构成重伤，另有 3 人构成轻伤，2 人构成轻微伤。

【判决结果】

判决被告人徐某纠集他人聚众斗殴，致 3 人重伤等，其行为已构成故意伤害罪；其他被告人的行为均已构成聚众斗殴罪。徐某有协助公安机关抓获同案犯的立功表现，可予以从轻处罚。

依照刑法有关规定，以故意伤害罪判处徐某有期徒刑 5 年；对其他被告人以聚众斗殴罪分别判处有期徒刑 1 年 6 个月至有期徒刑 6 个月缓刑 1 年不等刑期。

【案例评析】

未成年人犯罪有其特殊性，特别是有比较复杂的社会原因，有别于成年人。通过社会调查和对案件的梳理分析，发现青少年暴力犯罪呈现出以下特点：

（一）从人员构成看，职业教育院校学生或者无业人员居多，男性居多，女性有上升趋势。

（二）从犯罪起因看，起因多与恋情或是面子有关。

（三）从犯罪时间和地点看，时间多在夜晚，地点多在学校、网吧、饭店、酒吧等。

（四）从犯罪手段和后果来看，多持械、结伙，性质恶劣，后果严重。

了解未成年被告人成长经历、家庭背景、一贯表现、犯罪原因等情况，不仅有助于找准教育的切入点，提升对其教育、感化的针对性、感染力，更有利于准确把握其主观恶性和人身危险性，进而对其判以适当的刑罚。

导致青少年犯罪的因素虽然是方方面面的，家庭教育的缺失是导致青少年敬畏之心缺失的重要原因之一。一些父母忙于工作疏于对孩子的管教和陪伴；有的家庭则对孩子溺爱，纵容孩子的任性和胡作非为；还有一些家庭存在家庭暴力等不良现象，对孩子产生了负面影响。这些因素都导致孩子在成长过程中缺乏正确的价值引导和道德约束。但归根结底是其“先受害然后害人”，要预防青少年犯罪，就要加大作为，从方方面面入手，给青少年一个健康成长的环境，在其社会化、形成健全人格和价值观的过程中给予充分支持。

五、未成年人故意杀人罪获刑案

【法条链接】

《中华人民共和国刑法》第二百三十二条　故意杀人的，处死刑、无期徒刑或者十年以上有期徒刑；情节较轻的，处三年以上十年以下有期徒刑。

《最高人民法院关于审理未成年人刑事案件具体应用法律若干问题的解释》第四条　对于没有充分证据证明被告人实施被指控的犯罪时已经达到法定刑事责任年龄且确实无法查明的，应当推定其没有达到相应法定刑事责任年龄。

案例一

【基本案情】

被告人宋某某（犯罪时 15 岁）与被害人张某某系同班同学。

2018 年 3 月 9 日晚自习后，二人因琐事发生争吵、撕扯，后被同学劝开。张某某要求宋某某向其道歉，遭宋某某拒绝。后双方约定以打架的方式解决此事。

同年 3 月 11 日 22 时许，张某某纠集王某某等众人与宋某某及其兄宋某，双方前往某巷道。见面后，双方发生肢体冲突，宋某某因其兄宋某被打，遂产生报复的想法。次日 7 时 40 分许，在老师离开教室后，宋某某取出提前准备好的菜刀朝张某某颈后砍去。之后，宋某某拨打 110 报警,并在案发现场被抓获。张某某经抢救无效死亡。

【判决结果】

判决被告人宋某某犯故意杀人罪,判处无期徒刑,剥夺政治权利终身。

【案例评析】

该案是一起典型的因校园霸凌引发的严重暴力刑事犯罪,在案件审理过程中,一、二审承办法官尽最大努力帮助未成年被告人分析犯罪的原因,认清其行为的性质及社会危害性,指出其今后应该努力的方向,将教育、感化、挽救等工作贯彻到办案各个环节中,帮助被告人认识到自己行为对社会的危害程度,达到悔罪服法的目的,并积极发挥判后帮教功能,通过跟踪帮教,使其能够早日回归家庭,回归社会,充分体现了"教育、感化、挽救"的方针。

校园霸凌与未成年人的暴力犯罪之间可以说有一定程度上的因果关系,校园霸凌的实施者客观上具有暴力性,往往会实施一定的暴力行为,主观上也存在欺凌他人的动机,这种行为和心理与暴力犯罪中的行为与心理具有高度的相似性。虽然校园霸凌与暴力犯罪之间不存在必然的因果关系,但是校园霸凌行为有高度转化为暴力犯罪的可能性,对未成年人的心理发展产生负面影响,使他们更容易走向犯罪的道路。

六、未成年人侮辱罪获刑案

【法条链接】

《中华人民共和国刑法》第二百三十七条 【强制猥亵、侮辱罪】以暴力、胁迫或者其他方法强制猥亵他人或者侮辱妇女的,处五年以下有期徒刑或者拘役。聚众或者在公共场所当众犯前款罪的,或者有其他恶劣情节的,处五年以上有期徒刑。

【猥亵儿童罪】猥亵儿童的,处五年以下有期徒刑;有下列情形之一的,处五年以上有期徒刑。

《中华人民共和国刑法》第二百四十六条 【侮辱罪】【诽谤罪】以暴力或者其他方法公然侮辱他人或者捏造事实诽谤他人,情节严重的,处三年以下有期徒刑、拘役、管制或者剥夺政治权利。前款罪,告诉的才处理,但是严重危害社会秩序和国家利益的除外。通过信息网络实施第一款规定的行为,被害人向人民法院告诉,但提供证据确有困难的,人民法院可以要求公安机关提供协助。

案例一

【基本案情】

2023 年 8 月 21 日凌晨 1 点,被告人施某、卓某、杨某、黄某、符某等人在某某市某娱乐会所喝酒期间,施某因和肖某(未成年人)偶发口角而心生不满,遂叫杨某将肖某约至娱乐会所附近,联合卓某、黄某、符某等人尾随至该处共同对肖某进行殴打。

在殴打过程中,施某、卓某将肖某身上所穿的衣物扒尽,导致肖某全身裸露被人围观。杨某、黄某、符某在旁边用手机录制视频,而后施某等 5 人继续殴打肖某头部、背部等身体部位。直至公安人员赶到现场后各自逃离。经鉴定,肖某本次损伤程度属轻微伤。

施某、卓某、杨某、黄某、符某（全部为未成年人）在其家长带领下向公安机关投案。公安机关于2023年8月22日对5名被告人宣布刑事拘留。案发后，5名被告人的亲属陆续向肖某支付赔偿款，肖某及其监护人对5名被告人表示谅解。

【判决结果】

判决被告施某有期徒刑1年8个月，卓某有期徒刑1年8个月，杨某有期徒刑1年6个月、缓刑2年，黄某有期徒刑1年3个月、缓刑2年，符某有期徒刑1年3个月、缓刑2年。

案例二

【基本案情】

被告人汤某某与被害人朱某均系某职业大专学生，二人系舍友。同宿舍的付某某因个人纠纷欲教训朱某。嗣后，付某某纠集汤某某等人一同威胁朱某饮酒，趁朱某处于醉酒状态，付某某采用残忍手段对其进行强制侮辱，并由汤某某拍摄视频后发送给其他同学。

同校同学收到视频后报警，汤某某在老师的带领下至派出所接受调查，到案后能如实供述犯罪事实。案发后，经诊断，被害人朱某伴有精神病性症状的重度抑郁发作。另查明，同案人付某某、陈某某未达刑事责任年龄。汤某某另以非法占有为目的，采用虚构事实的方式，骗取他人钱款共计230000余元，数额巨大。

【判决结果】

依照《中华人民共和国刑法》相关规定，以强制侮辱罪判处被告人汤某某有期徒刑2年6个月；以诈骗罪判处被告人汤某某有期徒刑3年3个月，并处罚金5000元；数罪并罚，决定对被告人汤某某执行有期徒刑5年5个月，并处罚金5000元。宣判后，被告人汤某某、被害人朱某均未上诉，公诉机关亦未提出抗诉。判决已发生法律效力。

【案例评析】

侮辱行为虽然不如身体伤害造成的影响那么直接，但对未成年受害者身心伤害非常巨大，会造成未成年人的心理创伤、自尊心受损、社交恐惧、抑郁情绪乃至自杀倾向等心理问题，具有潜在的负面影响。

侮辱行为更多地表现在言语霸凌。言语霸凌不仅是个体间的冲突与矛盾，更是社会结构与文化背景交织下的产物。深入分析其根源，可发现家庭环境、学校教育方式、同伴关系以及社会文化等多重因素均对言语霸凌行为的发生与发展具有显著影响。在家庭环境层面，父母的教育方式、亲子关系的质量以及家庭氛围等因素，均可能对未成年人的社交行为和情感发展产生深远影响。缺乏关爱、支持或过度控制的家庭环境，可能增加未成年人实施或遭受言语霸凌的风险。学校教育方式同样对言语霸凌行为具有重要影响。学校作为学生社交技能培养和价值观塑造的重要场所，其教育理念、课程设置、师生关系以及学生管理方式等，均可能对学生的社交行为产生直接或间接的影响。当学校教育过于注重成绩而忽视学生情感需求时，可能加剧学生间的竞争压力，从而增加言语霸凌的发生概率。

此外，同伴关系也是影响言语霸凌行为的关键因素之一。在同伴群体中，个体的社交地位、归属感以及同伴间的互动模式等，均可能对其社交行为产生重要影响。当个体在同伴群体中遭受排斥或欺凌时，可能产生自卑、愤怒等负面情绪，进而采取报复性或攻击性行为，形成恶性循环。因此，为了有效预防和干预言语霸凌行为，我们需要从家庭、学校、同伴关系以及社会文化等多个层面入手，构建全方位、多层次的预防和干预体系。具体而言，家庭应提供关爱、支持和理解的成长环境，学校应关注学生的情感需求，加强师生沟通和同伴关系建设，同时加强校园文化和价值观的引导。此外，社会层面也应加强对校园暴力的关注和宣传，提高公众对言语霸凌问题的认识和重视程度。

综上所述，言语霸凌行为对未成年人的心理健康和成长环境具有显著的负面影响。为了构建健康、安全的成长环境，我们需要从多个层面入手，共同预防和干预言语霸凌行为的发生与发展。

七、未成年人帮助信息网络犯罪活动罪、掩饰隐瞒犯罪所得罪获刑案

【法条链接】

《中华人民共和国刑法》第二百八十七条之二　【帮助信息网络犯罪活动罪】明知他人利用信息网络实施犯罪，为其犯罪提供互联网接入、服务器托管、网络存储、通讯传输等技术支持，或者提供广告推广、支付结算等帮助，情节严重的，处三年以下有期徒刑或者拘役，并处或者单处罚金。单位犯前款罪的，对单位判处罚金，并对其直接负责的主管人员和其他直接责任人员，依照第一款的规定处罚。有前两款行为，同时构成其他犯罪的，依照处罚较重的规定定罪处罚。

《中华人民共和国刑法》第三百一十二条　【掩饰、隐瞒犯罪所得、犯罪所得收益罪】明知是犯罪所得及其产生的收益而予以窝藏、转移、收购、代为销售或者以其他方法掩饰、隐瞒的，处三年以下有期徒刑、拘役或者管制，并处或者单处罚金；情节严重的，处三年以上七年以下有期徒刑，并处罚金。单位犯前款罪的，对单位判处罚金，并对其直接负责的主管人员和其他直接责任人员，依照前款的规定处罚。

《最高人民法院、最高人民检察院关于办理非法利用信息网络、帮助信息网络犯罪活动等刑事案件适用法律若干问题的解释》第十二条　明知他人利用信息网络实施犯罪，为其犯罪提供帮助，具有下列情形之一的，应当认定为刑法第二百八十七条之二第一款规定的“情节严重”：

（一）为三个以上对象提供帮助的；

（二）支付结算金额二十万元以上的；

（三）以投放广告等方式提供资金五万元以上的；

（四）违法所得一万元以上的；

（五）二年内曾因非法利用信息网络、帮助信息网络犯罪活动、危害计算机信息系统安全受过行政处罚，又帮助信息网络犯罪活动的；

（六）被帮助对象实施的犯罪造成严重后果的；

（七）其他情节严重的情形。

案例一

【基本案情】

2021 年 2 月，宁某明知他人利用信息网络实施犯罪，仍把自己的银行卡出借给他人使用，提供本人持有并开通网银功能的银行卡协助转移资金，提供资金支付结算，从中获得 1500 元好处，其中支付结算金额共计 800000 余元。经比对，被电信诈骗集团实施诈骗的被害人的部分被骗资金从宁某提供的农业银行卡转移共计 500000 余元。2022 年 8 月，被告人宁某经公安机关电话通知主动投案并如实供述其罪行。

【判决结果】

人民法院依法审理后认为，宁某明知他人利用信息网络实施犯罪，仍为犯罪活动提供帮助，情节严重，其行为已构成帮助信息网络犯罪活动罪。鉴于宁某有自首情节且认罪认罚，并主动退缴违法所得，犯罪时系年满 16 周岁不满 18 周岁的未成年人，故对其酌情从轻处罚并适用缓刑，被判处有期徒刑 8 个月，缓刑 1 年，并处罚金 5000 元；同时退缴违法所得 1500 元。

案例二

【基本案情】

2022 年 3 月 1 日至 3 日，黄某某（案发时 17 周岁）明知李某某等人从事跑分违法犯罪活动，仍为了获利，先后介绍黄某、陈某某、胡某某、王某等人提供银行卡给李某某使用。使用期间，黄某、陈某某、胡某某、王某名下银行卡异常结算金额达 5571334.60 元[①]，其中涉及多名网络诈骗被害人被骗款共计 624000 元，黄某某从中获利 13000 元。

黄某某明知李某某等人从事跑分违法犯罪活动，仍为了获利，于 2022 年 2 月 27 日，在某某市一辆轿车内，将自己名下的一张银行卡提供给李某某等人用于跑分，并全程配合完成刷脸验证转账服务。事后，黄某某获利 2000 元。经查，2022 年 2 月 27 日，上述银行卡异常转账流水为 226680 元，其中包括网络诈骗被害人徐某某被诈骗款 20000 元、王某某被诈骗款 50000 元。

2022 年 3 月 19 日上午，被告人黄某某在其家中被某县公安局民警传唤到案。黄某某到案后如实供述了上述事实。

【判决结果】

判决被告人黄某某犯掩饰、隐瞒犯罪所得罪，判处有期徒刑 1 年 3 个月，并处罚金 5000 元。犯帮助信息网络犯罪活动罪，判处拘役五个月，并处罚金 1000 元。数罪并罚，决定执行有期徒刑 1 年 3 个月，并处罚金 6000 元。继续追缴被告人黄某某违法所得 15000 元。

【案例评析】

“帮信罪”是指自然人或者单位明知他人利用信息网络实施犯罪，仍为犯罪提供互联网接入、服务器托管、网络存储、通讯传输等技术支持，或者提供广告推广、支付结算等帮助，情节严重的行为。实践中发现，青少年是帮信犯罪重点群体。

---

① 全书数据保留小数点后两位，整数不保留。

帮助信息网络犯罪活动、掩饰、隐瞒犯罪所得等电信网络诈骗的关联犯罪，因其犯罪门槛低、投入小、操作简单、来钱快，逐渐成为未成年人犯罪的“常客”。信息网络犯罪行为人往往利用青少年社会阅历不足、法律意识淡薄的弱点，以金钱为诱饵，使他们成为信息网络诈骗活动的 “工具人”。这一类违法犯罪活动吸引不少人在高收入面前选择铤而走险，成为诈骗犯罪分子的“帮凶”。

未成年人可塑性强，具有较强的模仿能力，在此前提下，未成年人的监护人更应重视家庭教育的重要作用，切实履行监护职责，引导未成年人树立正确的世界观、人生观、价值观，树立正确的消费理念，杜绝“不劳而获”的不良思想，避免未成年人走上违法犯罪的歧途。

同时，社会各界也应加强对未成年人的教育和引导，共同营造健康向上的社会氛围。学校应加强对学生的法治教育和道德教育，通过课堂教育、课外活动等形式，增强学生的法律意识和道德观念。家长和学校之间应建立有效的沟通机制，共同关注孩子的成长情况，及时发现并纠正不良行为。

对于已经涉及电信网络诈骗等违法犯罪的未成年人，应依法进行惩处，但同时也要注重教育挽救，帮助他们认识到自己的错误，重新回归社会。相关部门应加强对未成年人的心理辅导和矫治，帮助他们树立正确的价值观和行为习惯，避免再次走上违法犯罪的道路。

此外，社会各界还应加强对电信网络诈骗等违法犯罪的打击力度，从源头上遏制这类犯罪的发生。通过加强技术防范、完善法律法规、提高公众防范意识等措施，共同构建一个安全、和谐的社会环境，为未成年人的健康成长提供有力保障。

八、高空抛物罪获刑案

【法条链接】

《中华人民共和国刑法》第一百一十四条 【放火罪】【决水罪】【爆炸罪】【投放危险物质罪】【以危险方法危害公共安全罪】放火、决水、爆炸以及投放毒害性、放射性、传染病病原体等物质或者以其他危险方法危害公共安全，尚未造成严重后果的，处三年以上十年以下有期徒刑。

《中华人民共和国刑法》第一百一十五条 【放火罪】【决水罪】【爆炸罪】【投放危险物质罪】【以危险方法危害公共安全罪】放火、决水、爆炸以及投放毒害性、放射性、传染病病原体等物质或者以其他危险方法致人重伤、死亡或者使公私财产遭受重大损失的，处十年以上有期徒刑、无期徒刑或者死刑。

《中华人民共和国刑法》第二百九十一条之二 【高空抛物罪】从建筑物或者其他高空抛掷物品，情节严重的，处一年以下有期徒刑、拘役或者管制，并处或者单处罚金。有前款行为，同时构成其他犯罪的，依照处罚较重的规定定罪处罚。

案例一

【基本案情】

2023 年 11 月，徐某与妻子发生争吵，妻子离家出走，徐某到市区寻找未果，遂前往市区某社区高楼楼顶准备跳楼，并报警让警察帮其寻找妻子。

警察将其妻子带至现场，徐某在与警察和自己妻子交谈中，情绪失控，将饮用后的酒瓶扔下楼，掉落至社区门口过道。当时，该过道属于可通行状态且附近有工人施工，徐某的行为已严重危害公共安全。

当天，警察将徐某抓获归案。

【判决结果】

人民法院经审理认为，被告人徐某从高层建筑物顶部向下抛掷酒瓶的犯罪事实清楚，情节严重，证据确实、充分，构成高空抛物罪，应予惩处。被告人徐某某到案后如实供述自己的罪行，属坦白，且自愿认罪认罚，可以依法从轻处罚。最终，被告人徐某被判处有期徒刑6个月，并处罚金1000元。

案例二

【基本案情】

2023年6月22日21时至23时，周某在某某市红旗街某公寓32楼楼道窗户和楼顶天台等位置，先后向地面人群投掷8块砖头，其中一块击中娄某额部。娄某在被送往医院的路上，没有了生命体征。在此之前，周某还曾在高楼向外投掷两桶5升桶装水和3罐未开封可乐，砸到另外二人。案发后，周某自动投案，却没有悔意。

警方出具的鉴定意见通知书显示，周某涉案时精神状态为无精神病，涉案时刑事责任能力评定为完全刑事责任能力。检察院以“以危险方法危害公共安全罪”对其提起公诉。

【判决结果】

判处周某死刑，剥夺政治权利终身；赔偿被害人家属丧葬费等40000余元。最高人民法院对被告人周某以危险方法危害公共安全罪死刑复核一案依法裁定，核准周某死刑，立即执行。

【案例评析】

高空抛物罪的意义在于保护公共安全，维护社会秩序。该罪名的设立能够有效预防和惩治高空抛物行为，减少因高空抛物造成的人员伤亡和财产损失。通过法律手段对高空抛物行为进行规制，可以增强公民的法律意识，促使人们在日常生活中更加注意自己的行为，避免给他人带来危害。此外，高空抛物罪的确立还有助于提高司法效率，为受害者提供明确的法律救济途径，确保受害者的合法权益得到及时有效的保护。

同时，高空抛物罪的实施也体现了社会对公共道德和个人责任的重视。高空抛物不仅是一种违法行为，更是一种缺乏公德心和责任感的表现。通过法律的引导和约束，可以促使人们树立正确的价值观和行为准则，增强社会责任感和公共道德意识。

此外，高空抛物罪的设立还有助于推动社会治理创新。在城市化快速发展的背景下，高空抛物等新型社会问题不断涌现，需要政府和社会各界共同应对。通过法律手段解决这些问题，可以推动社会治理向更加精细化、智能化的方向发展，提高社会治理效能。

总之，高空抛物罪的意义在于保护公共安全、维护社会秩序、增强公民法律意识、提高司法效率、促进社会治理创新以及推动社会道德建设。它的实施有助于构建一个更加安全、和谐、有序的社会环境。

九、未成年人正当防卫案例

【法条链接】

《中华人民共和国刑法》第二十条 【正当防卫】为了使国家、公共利益、本人或者他人的人身、财产和其他权利免受正在进行的不法侵害，而采取的制止不法侵害的行为，对不法侵害人造成损害的，属于正当防卫，不负刑事责任。正当防卫明显超过必要限度造成重大损害的，应当负刑事责任，但是应当减轻或者免除处罚。对正在进行行凶、杀人、抢劫、强奸、绑架以及其他严重危及人身安全的暴力犯罪，采取防卫行为，造成不法侵害人伤亡的，不属于防卫过当，不负刑事责任。

案例一

【基本案情】

一个名为江某某的14岁中学生，就读于某某省某中学。2019年5月17日早晨，江某某遭遇了同班同学孙某某及他人的多次挑衅与威胁，包括言语恐吓和轻微肢体冲突，孙某某还纠集了多名同学计划在课间休息时对江某某进行群殴。午餐后，孙某某进一步组织了更大规模的霸凌行径，最终在厕所内对江某某实施了集体攻击，其中陈某甲、陈某乙、吴某积极参与。在遭受包围和重压之下，江某某使用一把多功能折叠刀(非管制刀具，刃长4.50厘米，平时用于开药瓶)进行自卫，导致陈某甲背部被捅伤，吴某腿部被划伤，陈某乙在继续施暴时腹部被刺伤。事件导致陈某甲、陈某乙重伤二级，吴某轻微伤。事发后，江某某主动于同年8月7日向公安机关投案。

【判决结果】

某某省某某市人民法院于2020年7月6日对案件做出一审判决，确认被告人江某某在遭受校园霸凌过程中的反击行为属于正当防卫，据此宣布其无罪释放。然而，这一判决遭到了某某省某某市人民检察院的抗诉。案件进入二审阶段后，某某省某某市人民检察院重新审视案情，决定撤回先前的抗诉请求。最终，某某省某某市中级人民法院于2022年11月9日做出正式裁定，同意撤回抗诉。至此，江某某的正当防卫判定得以维持，法律正义得以彰显。

【案例评析】

对于因学生霸凌引发的防卫行为与相互斗殴的界分，应当坚持主客观相统一的原则，通过综合考量案发起因、是否为主要过错方、是否纠集他人参与打斗等情节，结合同年龄段未成年人在类似情境下的可能反应，准确判断行为人的主观意图和行为性质。不能仅因行为人面对霸凌时不甘示弱、使用工具反击等情节，就影响对其防卫意图的认定。

对于未成年人而言，实施正当防卫同样具有重要的意义。未成年人由于年龄、身体和心理等方面的特点，往往更容易成为不法侵害的对象。因此，法律赋予未成年人正当防卫的权利，不仅是对其合法权益的保护，也是对其自我保护能力的肯定和鼓励。通过实施正当防卫，未成年人可以在面临不法侵害时，勇敢地站出来维护自己的权益，增强自我保护意识和能力。同时，正当防卫也有助于培养未成年人的法治观念和法律意识，使其更加尊重法律、遵守法律，成为遵纪守法的公民。

此外，未成年人实施正当防卫还有助于维护社会公平正义和稳定。当未成年人面对不法侵害时，如果他们能够勇敢地站出来进行正当防卫，不仅可以有效地制止不法侵害，还可以对潜在的犯罪分子起到震慑作用，减少类似事件的发生。这种自卫行为有助于构建一个更加安全、和谐的社会环境，保护每一个公民的安全和尊严。

同时，对于社会而言，未成年人实施正当防卫也具有一定的教育意义。它向社会传递了一个明确的信息：任何形式的暴力侵害都是不可接受的，每个人都应该勇敢地站出来维护自己的权益。这种正能量的传递有助于提升整个社会的道德水平和法律意识，促进社会的文明进步。

总之，未成年人实施正当防卫不仅是对其个人权益的保护，更是对社会公平正义和稳定的维护。我们应该鼓励和支持未成年人在面临不法侵害时勇敢地站出来进行正当防卫，同时也应该加强对未成年人的法律教育和自我保护意识的培养，让他们能够更好地应对各种挑战和风险。

十、未成年人强奸罪案例

【法条链接】

《中华人民共和国刑法》第二百三十六条　【强奸罪】以暴力、胁迫或者其他手段强奸妇女的，处三年以上十年以下有期徒刑。

奸淫不满十四周岁的幼女的，以强奸论，从重处罚。

强奸妇女、奸淫幼女，有下列情形之一的，处十年以上有期徒刑、无期徒刑或者死刑：

（一）强奸妇女、奸淫幼女情节恶劣的；

（二）强奸妇女、奸淫幼女多人的；

（三）在公共场所当众强奸妇女、奸淫幼女的；

（四）二人以上轮奸的；

（五）奸淫不满十周岁的幼女或者造成幼女伤害的；

（六）致使被害人重伤、死亡或者造成其他严重后果的。

《最高人民法院 最高人民检察院关于办理强奸、猥亵未成年人刑事案件适用法律若干问题的解释》第六条　对已满十四周岁的未成年女性负有特殊职责的人员，利用优势地位或者被害人孤立无援的境地，迫使被害人与其发生性关系的，依照刑法第二百三十六条的规定，以强奸罪定罪处罚。

案例一

【基本案情】

2020 年 10 月 28 日，杨某和许某某（未成年人）经事先商议，约王某某（女，未成年人）及其朋友刘某某（女，未成年人）吃饭，哄骗王某某、刘某某大量饮酒。次日凌晨 1 时许，杨某、许某某将醉酒的王某某、刘某某带至某某省某某市某商务宾馆。杨某强行与刘某某发生了性关系。许某某欲与刘某某、王某某发生性关系，但均未遂。2021 年 3 月 5 日，杨某、许某某被检察机关以涉嫌强奸罪提起公诉。

【判决结果】

判处许某某有期徒刑 3 年 9 个月，杨某有期徒刑 2 年 9 个月。

案例二

【基本案情】

“街舞男孩”莫某酷爱跳舞，初中毕业后没有升入高中的他选择自己组织了一个舞团专业跳舞。为维持生计，莫某在饭店谋了一份打工的差事养活自己。在跳舞过程中，莫某认识了同样爱跳舞的 13 岁女孩陈某。陈某正在读初中，父母离婚后，与父亲共同生活。二人因为共同的爱好一见倾心，很快就发展成了男女朋友。

由于陈某的父亲另组建了新家庭，平时也不怎么关心陈某，感受不到家庭温暖的陈某遂搬进了莫某租住的地方与莫某过起了同居生活。同居期间二人多次发生关系，不久陈某发现自己怀孕，惊慌失措的她告知了父亲。陈某父亲知情后随即报案。

【判决结果】

人民法院经调查发现，当时莫某刚满 17 周岁，与陈某属于早恋中自愿发生性关系，取得被害方的谅解；经调查了解到，莫某一贯表现良好，无其他不良记录。综上，基于未成年人双向保护原则，最终莫某涉嫌强奸罪被判处有期徒刑 1 年 2 个月。

【案例评析】

未成年人遭受性侵会对他们的心理和身体健康造成长期的负面影响。受害者可能会经历创伤后产生应激障碍（PTSD）、焦虑、抑郁以及自我价值感的下降。他们可能会在人际关系中遇到困难，包括建立信任和亲密关系的障碍。此外，性侵经历还可能导致学业成绩下降、行为问题以及长期的健康问题。

犯下强奸罪的未成年人同样会面临严重的法律后果。根据所在国家或地区的法律，他们可能会被判处监禁、接受心理治疗、社区服务或其他形式的惩罚。此外，犯罪记录可能会影响他们未来的教育和就业机会。社会对性犯罪者的污名化也可能导致他们遭受排斥和歧视。在某些情况下，他们可能需要接受长期的心理辅导和康复治疗，以帮助他们理解自己的行为并学习如何以健康的方式与他人互动。

对于社会而言，未成年人被性侵和犯强奸罪的问题也引发了广泛的关注和讨论。这促使社会各界加强对性侵犯罪的预防和打击力度，包括加强法律法规的制定和执行、提高公众对性侵犯罪的认识和警觉性、加强学校和家庭教育对未成年人的性教育和保护等。

在预防方面，家庭、学校和社会应该共同努力，为未成年人创造一个安全、尊重和包容的成长环境。家长应该加强对孩子的关注和陪伴，及时发现和解决孩子可能遇到的问题；学校应该加强性教育和心理健康教育，帮助学生建立正确的性观念和自我保护意识；社会应该加强对性侵犯罪的打击和宣传，提高公众的法律意识和道德水平。

对于已经遭受性侵的未成年人，社会应该提供及时、专业的心理支持和援助。这包括心理咨询、心理治疗、法律援助等，以帮助她们尽快走出心理阴影，重拾自信和自尊。同时，对于犯下强奸罪的未成年人，也应该提供必要的心理辅导和矫治，帮助她们认识到自己的错误并改正行为，重新融入社会。

总之，未成年人被性侵和犯强奸罪的问题是一个复杂的社会问题，需要全社会的共同努力来解决。我们应该加强对未成年人的保护和教育，加强对性侵犯罪的预防和打击力度，为未成年人创造一个安全、健康、快乐的成长环境。

《中华人民共和国未成年人保护法》

未成年人保护法

确立家庭、学校、社会等六大保护体系，新增网络保护专章，通过药物滥用、性侵犯罪等案例展现多元保护机制。

第一部分　法律概述

在社会发展进程中，未成年人的健康成长始终是备受关注的核心议题。《中华人民共和国未成年人保护法》作为守护未成年人合法权益的坚实屏障，有着至关重要的地位。它是全国人民代表大会常务委员会依据我国根本大法《中华人民共和国宪法》，专门为未成年人量身定制的法律，旨在全方位呵护未成年人的权益，为其成长营造良好环境。

一、立法背景与意义

在过往的社会环境中，未成年人面临诸多权益受侵害的困境。诸如家庭中监护缺失、虐待现象时有发生；校园里霸凌行为屡禁不止；社会上童工问题、未成年人参与不良活动等情况屡见不鲜。为从根本上解决这些问题，为未成年人提供有力的法律保障，1991 年 9 月 4 日，全国人民代表大会常务委员会第二十一次会议通过了《中华人民共和国未成年人保护法》。这部法律的诞生，犹如一盏明灯，照亮了未成年人权益保护的道路，为解决各类侵害未成年人权益的问题提供了法律依据。

二、修订历程详解

（一）2006 年 12 月 29 日第一次修订：随着社会的发展，原有的法律条款逐渐难以满足新的需求。当时，社会经济快速发展，新的社会问题不断涌现，未成年人面临的成长环境愈发复杂。此次修订针对未成年人心理健康教育、流浪儿童救助等新问题，对法律内容进行了扩充与完善，以更好地适应社会发展变化，为未成年人提供更全面的保护。

（二）2012 年 10 月 26 日第一次修正：这一阶段，在实施过程中发现部分条款在表述和执行细节上存在一些需要优化的地方。本次修正主要聚焦于对法律条文的文字表述进行精准化，使法律条款更加清晰明确，便于在实际执行中准确把握，提升法律的可操作性。

（三）2020 年 10 月 17 日第二次修订：互联网的迅猛发展给未成年人的生活带来了巨大变化，网络沉迷、网络欺凌、网络色情等问题日益严重。同时，社会对未成年人保护的理念和需求也在不断提升。基于此，此次修订重点增加了“网络保护”章节，对网络环境下未成年人权益保护做出详细规定。此外，还进一步完善了家庭、学校、社会、政府、司法等各方面的保护职责，构建起更为全面、系统的未成年人保护体系。

（四）2024 年 4 月 26 日第二次修正：随着社会治理体系的不断完善以及对未成年人保护工作的深入推进，需要对法律进行与时俱进的调整。此次修正针对实践中出现的新情况、新问题，如未成年人新型犯罪形式、未成年人个人信息保护在新场景下的细化要求等，对相关条款进行了修改和补充，使法律更加契合当下未成年人保护的实际需要。

三、法律架构与各章要点

现行《中华人民共和国未成年人保护法》共分为9章132条，各章紧密相连，共同构建起严密的未成年人保护网络。

（一）总则：明确了未成年人保护工作的基本原则，如保障未成年人的合法权益、尊重未成年人的人格尊严、适应未成年人身心发展的规律和特点等。同时，确定了未成年人保护的责任主体，涵盖家庭、学校、社会、国家等各个方面，为后续各章的具体规定奠定基础。

（二）家庭保护：家庭是未成年人成长的第一环境，监护人在未成年人保护中肩负着首要责任。本章规定了监护人应依法履行的监护职责，包括为未成年人提供生活照料、教育引导、安全保障等。例如，监护人应当关注未成年人的生理、心理状况和情感需求，保障其接受义务教育的权利，不得实施家庭暴力、虐待、遗弃未成年人等行为。

（三）学校保护：学校是未成年人接受教育的重要场所。学校应全面贯彻党的教育方针，实施素质教育，提高教育质量，注重培养未成年人的独立思考能力、创新能力和实践能力。同时，要保障校园安全，建立健全校园安全制度，预防和处理校园欺凌、性侵害等事件。例如，学校应当建立学生欺凌防控工作制度，对教职员工、学生等开展防治学生欺凌的教育和培训，及时发现、调查、处理学生欺凌行为。

（四）社会保护：全社会都应当树立关心、爱护未成年人的良好风尚。社会保护涵盖了诸多方面，如公共场所的安全保障、文化产品的内容审查、未成年人就业限制等。例如，营业性歌舞娱乐场所、酒吧、互联网上网服务营业场所等不适宜未成年人活动的场所，不得允许未成年人进入；禁止向未成年人销售烟、酒、彩票或者兑付彩票奖金等。

（五）网络保护：鉴于互联网对未成年人的深远影响，本章专门对网络环境下未成年人权益保护做出规定。网络产品和服务提供者应当针对未成年人使用其产品或者服务设置相应的时间管理、权限管理、消费管理等功能。例如，网络游戏平台应当按照国家有关规定和标准，对游戏产品进行分类，做出适龄提示，并采取技术措施，不得让未成年人接触不适宜的游戏或者游戏功能。

（六）政府保护：各级政府在未成年人保护工作中发挥着主导作用。政府应当建立未成年人保护工作协调机制，统筹、协调、督促和指导有关部门在各自职责范围内做好未成年人保护工作。政府及其有关部门应当依法履行职责，保障未成年人受教育、医疗、就业等方面的权利。例如，县级以上人民政府应当开通全国统一的未成年人保护热线，及时受理、转介侵犯未成年人合法权益的投诉、举报等。

（七）司法保护：司法机关在未成年人保护中承担着重要职责。对涉及未成年人的案件，应当依法及时处理，保护未成年人的合法权益。例如，公安机关、人民检察院、人民法院和司法行政部门应当确定专门机构或者指定专门人员，负责办理涉及未成年人案件；对违法犯罪的未成年人，实行教育、感化、挽救的方针，坚持教育为主、惩罚为辅的原则等。

（八）法律责任：明确了违反本法规定应承担的法律后果，包括民事责任、行政责任和刑事责任。对于侵害未成年人合法权益的行为,将依法追究相关责任人的法律责任。例如,父母或者其他监护人不依法履行监护职责,或者侵害未成年人合法权益的,由其所在单位或者居民委员会、村民委员会予以劝诫、制止;构成违反治安管理行为的,由公安机关依法给予行政处罚。

(九)附则:对本法中的一些特定用语进行解释,规定了本法的施行日期等相关事项。

四、法律关联与协同

未成年人保护法并非孤立存在,它与预防未成年人犯罪法等其他相关法律共同构成了未成年人保护的法律体系。预防未成年人犯罪法侧重于对未成年人不良行为和犯罪行为的预防和矫治,而未成年人保护法更侧重于对未成年人合法权益的全方位保护。两者相互配合、协同发力,从不同角度为未成年人的健康成长保驾护航。例如,在处理未成年人违法犯罪案件时, 司法机关既要依据未成年人保护法对违法犯罪的未成年人进行教育、感化、挽救,又要根据预防未成年人犯罪法对其不良行为进行及时干预和矫治,以达到预防未成年人再次犯罪的目的。

五、持续关注与更新

随着社会的不断发展和进步,未成年人保护工作也将面临新的挑战和问题。因此,我们需要持续关注未成年人保护法的实施情况,及时发现法律在实践中存在的问题,并根据社会发展需求进行修订和完善。同时,要加强对法律的宣传和普及,提高全社会对未成年人保护工作的认识和重视程度,形成全社会共同关心、爱护未成年人的良好氛围。

在未来的日子里,《中华人民共和国未成年人保护法》将继续发挥其重要作用,为一代又一代未成年人的健康成长遮风挡雨,助力他们在法治的阳光下茁壮成长,成为国家的栋梁之材。

第二部分 法条摘编

(1991年9月4日第七届全国人民代表大会常务委员会第二十一次会议通过 2006年12月29日第十届全国人民代表大会常务委员会第二十五次会议第一次修订 根据2012年10月26日第十一届全国人民代表大会常务委员会第二十九次会议《关于修改〈中华人民共和国未成年人保护法〉的决定》第一次修正 2020年10月17日第十三届全国人民代表大会常务委员会第二十二次会议第二次修订 根据2024年4月26日第十四届全国人民代表大会常务委员会第九次会议《关于修改〈中华人民共和国农业技术推广法〉〈中华人民共和国未成年人保护法〉〈中华人民共和国生物安全法〉的决定》第二次修正)

第一章 总 则

第一条 为了保护未成年人身心健康,保障未成年人合法权益,促进未成年人德智体美劳全面发展,培养有理想、有道德、有文化、有纪律的社会主义建设者和接班人,培养担当民族复兴大任的时代新人,根据宪法,制定本法。

第二条 本法所称未成年人是指未满十八周岁的公民。

第三条 国家保障未成年人的生存权、发展权、受保护权、参与权等权利。

未成年人依法平等地享有各项权利，不因本人及其父母或者其他监护人的民族、种族、性别、户籍、职业、宗教信仰、教育程度、家庭状况、身心健康状况等受到歧视。

第四条 保护未成年人,应当坚持最有利于未成年人的原则。处理涉及未成年人事项,应当符合下列要求:

(一)给予未成年人特殊、优先保护;

(二)尊重未成年人人格尊严;

(三)保护未成年人隐私权和个人信息;

(四)适应未成年人身心健康发展的规律和特点;

(五)听取未成年人的意见;

(六)保护与教育相结合。

第五条 国家、社会、学校和家庭应当对未成年人进行理想教育、道德教育、科学教育、文化教育、法治教育、国家安全教育、健康教育、劳动教育,加强爱国主义、集体主义和中国特色社会主义的教育,培养爱祖国、爱人民、爱劳动、爱科学、爱社会主义的公德,抵制资本主义、封建主义和其他腐朽思想的侵蚀,引导未成年人树立和践行社会主义核心价值观。

第六条 保护未成年人,是国家机关、武装力量、政党、人民团体、企业事业单位、社会组织、城乡基层群众性自治组织、未成年人的监护人以及其他成年人的共同责任。

国家、社会、学校和家庭应当教育和帮助未成年人维护自身合法权益,增强自我保护的意识和能力。

第七条 未成年人的父母或者其他监护人依法对未成年人承担监护职责。

国家采取措施指导、支持、帮助和监督未成年人的父母或者其他监护人履行监护职责。

第八条 县级以上人民政府应当将未成年人保护工作纳入国民经济和社会发展规划,相关经费纳入本级政府预算。

第九条 各级人民政府应当重视和加强未成年人保护工作。县级以上人民政府负责妇女儿童工作的机构,负责未成年人保护工作的组织、协调、指导、督促,有关部门在各自职责范围内做好相关工作。

第十条 共产主义青年团、妇女联合会、工会、残疾人联合会、关心下一代工作委员会、青年联合会、学生联合会、少年先锋队以及其他人民团体、有关社会组织,应当协助各级人民政府及其有关部门、人民检察院、人民法院做好未成年人保护工作,维护未成年人合法权益。

第十一条 任何组织或者个人发现不利于未成年人身心健康或者侵犯未成年人合法权益的情形,都有权劝阻、制止或者向公安、民政、教育等有关部门提出检举、控告。

国家机关、居民委员会、村民委员会、密切接触未成年人的单位及其工作人员,在工作中发现未成年人身心健康受到侵害、疑似受到侵害或者面临其他危险情形的,应当立即向公安、民政、教育等有关部门报告。

有关部门接到涉及未成年人的检举、控告或者报告,应当依法及时受理、处置,并以适当方式将处理结果告知相关单位和人员。

第十二条 国家鼓励和支持未成年人保护方面的科学研究,建设相关学科、设置相关专业,加强人才培养。

第十三条 国家建立健全未成年人统计调查制度,开展未成年人健康、受教育等状况的统计、调查和分析,发布未成年人保护的有关信息。

第十四条 国家对保护未成年人有显著成绩的组织和个人给予表彰和奖励。

第二章 家庭保护

第十五条 未成年人的父母或者其他监护人应当学习家庭教育知识,接受家庭教育指导,创造良好、和睦、文明的家庭环境。

共同生活的其他成年家庭成员应当协助未成年人的父母或者其他监护人抚养、教育和保护未成年人。

第十六条 未成年人的父母或者其他监护人应当履行下列监护职责:

(一)为未成年人提供生活、健康、安全等方面的保障;

(二)关注未成年人的生理、心理状况和情感需求;

(三)教育和引导未成年人遵纪守法、勤俭节约,养成良好的思想品德和行为习惯;

(四)对未成年人进行安全教育,提高未成年人的自我保护意识和能力;

(五)尊重未成年人受教育的权利,保障适龄未成年人依法接受并完成义务教育;

(六)保障未成年人休息、娱乐和体育锻炼的时间,引导未成年人进行有益身心健康的活动；

（七）妥善管理和保护未成年人的财产；

（八）依法代理未成年人实施民事法律行为；

（九）预防和制止未成年人的不良行为和违法犯罪行为，并进行合理管教；

（十）其他应当履行的监护职责。

第十七条 未成年人的父母或者其他监护人不得实施下列行为：

（一）虐待、遗弃、非法送养未成年人或者对未成年人实施家庭暴力；

（二）放任、教唆或者利用未成年人实施违法犯罪行为；

（三）放任、唆使未成年人参与邪教、迷信活动或者接受恐怖主义、分裂主义、极端主义等侵害；

（四）放任、唆使未成年人吸烟（含电子烟，下同）、饮酒、赌博、流浪乞讨或者欺凌他人；

（五）放任或者迫使应当接受义务教育的未成年人失学、辍学；

（六）放任未成年人沉迷网络，接触危害或者可能影响其身心健康的图书、报刊、电影、广播电视节目、音像制品、电子出版物和网络信息等；

（七）放任未成年人进入营业性娱乐场所、酒吧、互联网上网服务营业场所等不适宜未成年人活动的场所；

（八）允许或者迫使未成年人从事国家规定以外的劳动；

（九）允许、迫使未成年人结婚或者为未成年人订立婚约；

（十）违法处分、侵吞未成年人的财产或者利用未成年人牟取不正当利益；

（十一）其他侵犯未成年人身心健康、财产权益或者不依法履行未成年人保护义务的行为。

第十八条 未成年人的父母或者其他监护人应当为未成年人提供安全的家庭生活环境，及时排除引发触电、烫伤、跌落等伤害的安全隐患；采取配备儿童安全座椅、教育未成年人遵守交通规则等措施，防止未成年人受到交通事故的伤害；提高户外安全保护意识，避免未成年人发生溺水、动物伤害等事故。

第十九条 未成年人的父母或者其他监护人应当根据未成年人的年龄和智力发展状况，在作出[①]与未成年人权益有关的决定前，听取未成年人的意见，充分考虑其真实意愿。

第二十条 未成年人的父母或者其他监护人发现未成年人身心健康受到侵害、疑似受到侵害或者其他合法权益受到侵犯的，应当及时了解情况并采取保护措施；情况严重的，应当立即向公安、民政、教育等部门报告。

第二十一条 未成年人的父母或者其他监护人不得使未满八周岁或者由于身体、心理原因需要特别照顾的未成年人处于无人看护状态，或者将其交由无民事行为能力、限制民事行为能力、患有严重传染性疾病或者其他不适宜的人员临时照护。

未成年人的父母或者其他监护人不得使未满十六周岁的未成年人脱离监护单独生活。

---

① 本书尊重原法律条文，“作出”与“做出”等词语、汉字数字与阿拉伯数字等，未强求统一。

第二十二条 未成年人的父母或者其他监护人因外出务工等原因在一定期限内不能完全履行监护职责的,应当委托具有照护能力的完全民事行为能力人代为照护;无正当理由的,不得委托他人代为照护。

未成年人的父母或者其他监护人在确定被委托人时,应当综合考虑其道德品质、家庭状况、身心健康状况、与未成年人生活情感上的联系等情况,并听取有表达意愿能力未成年人的意见。

具有下列情形之一的,不得作为被委托人:

(一)曾实施性侵害、虐待、遗弃、拐卖、暴力伤害等违法犯罪行为;

(二)有吸毒、酗酒、赌博等恶习;

(三)曾拒不履行或者长期怠于履行监护、照护职责;

(四)其他不适宜担任被委托人的情形。

第二十三条 未成年人的父母或者其他监护人应当及时将委托照护情况书面告知未成年人所在学校、幼儿园和实际居住地的居民委员会、村民委员会,加强和未成年人所在学校、幼儿园的沟通;与未成年人、被委托人至少每周联系和交流一次,了解未成年人的生活、学习、心理等情况,并给予未成年人亲情关爱。

未成年人的父母或者其他监护人接到被委托人、居民委员会、村民委员会、学校、幼儿园等关于未成年人心理、行为异常的通知后,应当及时采取干预措施。

第二十四条 未成年人的父母离婚时,应当妥善处理未成年子女的抚养、教育、探望、财产等事宜,听取有表达意愿能力未成年人的意见。不得以抢夺、藏匿未成年子女等方式争夺抚养权。

未成年人的父母离婚后,不直接抚养未成年子女的一方应当依照协议、人民法院判决或者调解确定的时间和方式,在不影响未成年人学习、生活的情况下探望未成年子女,直接抚养的一方应当配合,但被人民法院依法中止探望权的除外。

第三章 学校保护

第二十五条 学校应当全面贯彻国家教育方针,坚持立德树人,实施素质教育,提高教育质量,注重培养未成年学生认知能力、合作能力、创新能力和实践能力,促进未成年学生全面发展。

学校应当建立未成年学生保护工作制度,健全学生行为规范,培养未成年学生遵纪守法的良好行为习惯。

第二十六条 幼儿园应当做好保育、教育工作,遵循幼儿身心发展规律,实施启蒙教育,促进幼儿在体质、智力、品德等方面和谐发展。

第二十七条 学校、幼儿园的教职员工应当尊重未成年人人格尊严,不得对未成年人实施体罚、变相体罚或者其他侮辱人格尊严的行为。

第二十八条 学校应当保障未成年学生受教育的权利,不得违反国家规定开除、变相开除未成年学生。

学校应当对尚未完成义务教育的辍学未成年学生进行登记并劝返复学;劝返无效的,应当及时向教育行政部门书面报告。

第二十九条 学校应当关心、爱护未成年学生,不得因家庭、身体、心理、学习能力等情况歧视学生。对家庭困难、身心有障碍的学生,应当提供关爱;对行为异常、学习有困难的学生,应当耐心帮助。

学校应当配合政府有关部门建立留守未成年学生、困境未成年学生的信息档案,开展关爱帮扶工作。

第三十条 学校应当根据未成年学生身心发展特点,进行社会生活指导、心理健康辅导、青春期教育和生命教育。

第三十一条 学校应当组织未成年学生参加与其年龄相适应的日常生活劳动、生产劳动和服务性劳动,帮助未成年学生掌握必要的劳动知识和技能,养成良好的劳动习惯。

第三十二条 学校、幼儿园应当开展勤俭节约、反对浪费、珍惜粮食、文明饮食等宣传教育活动,帮助未成年人树立浪费可耻、节约为荣的意识,养成文明健康、绿色环保的生活习惯。

第三十三条 学校应当与未成年学生的父母或者其他监护人互相配合,合理安排未成年学生的学习时间,保障其休息、娱乐和体育锻炼的时间。

学校不得占用国家法定节假日、休息日及寒暑假期,组织义务教育阶段的未成年学生集体补课,加重其学习负担。

幼儿园、校外培训机构不得对学龄前未成年人进行小学课程教育。

第三十四条 学校、幼儿园应当提供必要的卫生保健条件,协助卫生健康部门做好在校、在园未成年人的卫生保健工作。

第三十五条 学校、幼儿园应当建立安全管理制度,对未成年人进行安全教育,完善安保设施、配备安保人员,保障未成年人在校、在园期间的人身和财产安全。

学校、幼儿园不得在危及未成年人人身安全、身心健康的校舍和其他设施、场所中进行教育教学活动。

学校、幼儿园安排未成年人参加文化娱乐、社会实践等集体活动,应当保护未成年人的身心健康,防止发生人身伤害事故。

第三十六条 使用校车的学校、幼儿园应当建立健全校车安全管理制度,配备安全管理人员,定期对校车进行安全检查,对校车驾驶人进行安全教育,并向未成年人讲解校车安全乘坐知识,培养未成年人校车安全事故应急处理技能。

第三十七条 学校、幼儿园应当根据需要,制定应对自然灾害、事故灾难、公共卫生事件等突发事件和意外伤害的预案,配备相应设施并定期进行必要的演练。

未成年人在校内、园内或者本校、本园组织的校外、园外活动中发生人身伤害事故的,学校、幼儿园应当立即救护,妥善处理,及时通知未成年人的父母或者其他监护人,并向有关部门报告。

第三十八条 学校、幼儿园不得安排未成年人参加商业性活动,不得向未成年人及其父母或者其他监护人推销或者要求其购买指定的商品和服务。

学校、幼儿园不得与校外培训机构合作为未成年人提供有偿课程辅导。

第三十九条 学校应当建立学生欺凌防控工作制度,对教职员工、学生等开展防治学生欺凌的教育和培训。

学校对学生欺凌行为应当立即制止，通知实施欺凌和被欺凌未成年学生的父母或者其他监护人参与欺凌行为的认定和处理；对相关未成年学生及时给予心理辅导、教育和引导；对相关未成年学生的父母或者其他监护人给予必要的家庭教育指导。

对实施欺凌的未成年学生，学校应当根据欺凌行为的性质和程度，依法加强管教。对严重的欺凌行为，学校不得隐瞒，应当及时向公安机关、教育行政部门报告，并配合相关部门依法处理。

第四十条 学校、幼儿园应当建立预防性侵害、性骚扰未成年人工作制度。对性侵害、性骚扰未成年人等违法犯罪行为，学校、幼儿园不得隐瞒，应当及时向公安机关、教育行政部门报告，并配合相关部门依法处理。

学校、幼儿园应当对未成年人开展适合其年龄的性教育，提高未成年人防范性侵害、性骚扰的自我保护意识和能力。对遭受性侵害、性骚扰的未成年人，学校、幼儿园应当及时采取相关的保护措施。

第四十一条 婴幼儿照护服务机构、早期教育服务机构、校外培训机构、校外托管机构等应当参照本章有关规定，根据不同年龄阶段未成年人的成长特点和规律，做好未成年人保护工作。

第四章 社会保护

第四十二条 全社会应当树立关心、爱护未成年人的良好风尚。

国家鼓励、支持和引导人民团体、企业事业单位、社会组织以及其他组织和个人，开展有利于未成年人健康成长的社会活动和服务。

第四十三条 居民委员会、村民委员会应当设置专人专岗负责未成年人保护工作，协助政府有关部门宣传未成年人保护方面的法律法规，指导、帮助和监督未成年人的父母或者其他监护人依法履行监护职责，建立留守未成年人、困境未成年人的信息档案并给予关爱帮扶。

居民委员会、村民委员会应当协助政府有关部门监督未成年人委托照护情况，发现被委托人缺乏照护能力、怠于履行照护职责等情况，应当及时向政府有关部门报告，并告知未成年人的父母或者其他监护人，帮助、督促被委托人履行照护职责。

第四十四条 爱国主义教育基地、图书馆、青少年宫、儿童活动中心、儿童之家应当对未成年人免费开放；博物馆、纪念馆、科技馆、展览馆、美术馆、文化馆、社区公益性互联网上网服务场所以及影剧院、体育场馆、动物园、植物园、公园等场所，应当按照有关规定对未成年人免费或者优惠开放。

国家鼓励爱国主义教育基地、博物馆、科技馆、美术馆等公共场馆开设未成年人专场，为未成年人提供有针对性的服务。

国家鼓励国家机关、企业事业单位、部队等开发自身教育资源，设立未成年人开放日，为未成年人主题教育、社会实践、职业体验等提供支持。

国家鼓励科研机构和科技类社会组织对未成年人开展科学普及活动。

第四十五条 城市公共交通以及公路、铁路、水路、航空客运等应当按照有关规定对未成年人实施免费或者优惠票价。

第四十六条 国家鼓励大型公共场所、公共交通工具、旅游景区景点等设置母婴室、婴儿护理台以及方便幼儿使用的坐便器、洗手台等卫生设施，为未成年人提供便利。

第四十七条 任何组织或者个人不得违反有关规定，限制未成年人应当享有的照顾或者优惠。

第四十八条 国家鼓励创作、出版、制作和传播有利于未成年人健康成长的图书、报刊、电影、广播电视节目、舞台艺术作品、音像制品、电子出版物和网络信息等。

第四十九条 新闻媒体应当加强未成年人保护方面的宣传，对侵犯未成年人合法权益的行为进行舆论监督。新闻媒体采访报道涉及未成年人事件应当客观、审慎和适度，不得侵犯未成年人的名誉、隐私和其他合法权益。

第五十条 禁止制作、复制、出版、发布、传播含有宣扬淫秽、色情、暴力、邪教、迷信、赌博、引诱自杀、恐怖主义、分裂主义、极端主义等危害未成年人身心健康内容的图书、报刊、电影、广播电视节目、舞台艺术作品、音像制品、电子出版物和网络信息等。

第五十一条 任何组织或者个人出版、发布、传播的图书、报刊、电影、广播电视节目、舞台艺术作品、音像制品、电子出版物或者网络信息，包含可能影响未成年人身心健康内容的，应当以显著方式作出提示。

第五十二条 禁止制作、复制、发布、传播或者持有有关未成年人的淫秽色情物品和网络信息。

第五十三条 任何组织或者个人不得刊登、播放、张贴或者散发含有危害未成年人身心健康内容的广告；不得在学校、幼儿园播放、张贴或者散发商业广告；不得利用校服、教材等发布或者变相发布商业广告。

第五十四条 禁止拐卖、绑架、虐待、非法收养未成年人，禁止对未成年人实施性侵害、性骚扰。

禁止胁迫、引诱、教唆未成年人参加黑社会性质组织或者从事违法犯罪活动。

禁止胁迫、诱骗、利用未成年人乞讨。

第五十五条 生产、销售用于未成年人的食品、药品、玩具、用具和游戏游艺设备、游乐设施等，应当符合国家或者行业标准，不得危害未成年人的人身安全和身心健康。上述产品的生产者应当在显著位置标明注意事项，未标明注意事项的不得销售。

第五十六条 未成年人集中活动的公共场所应当符合国家或者行业安全标准，并采取相应安全保护措施。对可能存在安全风险的设施，应当定期进行维护，在显著位置设置安全警示标志并标明适龄范围和注意事项；必要时应当安排专门人员看管。

大型的商场、超市、医院、图书馆、博物馆、科技馆、游乐场、车站、码头、机场、旅游景区景点等场所运营单位应当设置搜寻走失未成年人的安全警报系统。场所运营单位接到求助后，应当立即启动安全警报系统，组织人员进行搜寻并向公安机关报告。

公共场所发生突发事件时，应当优先救护未成年人。

第五十七条 旅馆、宾馆、酒店等住宿经营者接待未成年人入住，或者接待未成年人和成年人共同入住时，应当询问父母或者其他监护人的联系方式、入住人员的身份关系等有关情况；发现有违法犯罪嫌疑的，应当立即向公安机关报告，并及时联系未成年人的父母或者其他监护人。

第五十八条 学校、幼儿园周边不得设置营业性娱乐场所、酒吧、互联网上网服务营业场所等不适宜未成年人活动的场所。营业性歌舞娱乐场所、酒吧、互联网上网服务营业场所等不适宜未成年人活动场所的经营者，不得允许未成年人进入；游艺娱乐场所设置的电子游戏设备，除国家法定节假日外，不得向未成年人提供。经营者应当在显著位置设置未成年人禁入、限入标志；对难以判明是否是未成年人的，应当要求其出示身份证件。

第五十九条 学校、幼儿园周边不得设置烟、酒、彩票销售网点。禁止向未成年人销售烟、酒、彩票或者兑付彩票奖金。烟、酒和彩票经营者应当在显著位置设置不向未成年人销售烟、酒或者彩票的标志；对难以判明是否是未成年人的，应当要求其出示身份证件。

任何人不得在学校、幼儿园和其他未成年人集中活动的公共场所吸烟、饮酒。

第六十条 禁止向未成年人提供、销售管制刀具或者其他可能致人严重伤害的器具等物品。经营者难以判明购买者是否是未成年人的，应当要求其出示身份证件。

第六十一条 任何组织或者个人不得招用未满十六周岁未成年人，国家另有规定的除外。

营业性娱乐场所、酒吧、互联网上网服务营业场所等不适宜未成年人活动的场所不得招用已满十六周岁的未成年人。

招用已满十六周岁未成年人的单位和个人应当执行国家在工种、劳动时间、劳动强度和保护措施等方面的规定，不得安排其从事过重、有毒、有害等危害未成年人身心健康的劳动或者危险作业。

任何组织或者个人不得组织未成年人进行危害其身心健康的表演等活动。经未成年人的父母或者其他监护人同意，未成年人参与演出、节目制作等活动，活动组织方应当根据国家有关规定，保障未成年人合法权益。

第六十二条 密切接触未成年人的单位招聘工作人员时，应当向公安机关、人民检察院查询应聘者是否具有性侵害、虐待、拐卖、暴力伤害等违法犯罪记录；发现其具有前述行为记录的，不得录用。

密切接触未成年人的单位应当每年定期对工作人员是否具有上述违法犯罪记录进行查询。通过查询或者其他方式发现其工作人员具有上述行为的，应当及时解聘。

第六十三条 任何组织或者个人不得隐匿、毁弃、非法删除未成年人的信件、日记、电子邮件或者其他网络通讯内容。

除下列情形外，任何组织或者个人不得开拆、查阅未成年人的信件、日记、电子邮件或者其他网络通讯内容：

（一）无民事行为能力未成年人的父母或者其他监护人代未成年人开拆、查阅；

（二）因国家安全或者追查刑事犯罪依法进行检查；

（三）紧急情况下为了保护未成年人本人的人身安全。

第五章 网络保护

第六十四条 国家、社会、学校和家庭应当加强未成年人网络素养宣传教育，培养和提高未成年人的网络素养，增强未成年人科学、文明、安全、合理使用网络的意识和能力，保障未成年人在网络空间的合法权益。

第六十五条 国家鼓励和支持有利于未成年人健康成长的网络内容的创作与传播，鼓励和支持专门以未成年人为服务对象、适合未成年人身心健康特点的网络技术、产品、服务的研发、生产和使用。

第六十六条 网信部门及其他有关部门应当加强对未成年人网络保护工作的监督检查，依法惩处利用网络从事危害未成年人身心健康的活动，为未成年人提供安全、健康的网络环境。

第六十七条 网信部门会同公安、文化和旅游、新闻出版、电影、广播电视等部门根据保护不同年龄阶段未成年人的需要，确定可能影响未成年人身心健康网络信息的种类、范围和判断标准。

第六十八条 新闻出版、教育、卫生健康、文化和旅游、网信等部门应当定期开展预防未成年人沉迷网络的宣传教育，监督网络产品和服务提供者履行预防未成年人沉迷网络的义务，指导家庭、学校、社会组织互相配合，采取科学、合理的方式对未成年人沉迷网络进行预防和干预。

任何组织或者个人不得以侵害未成年人身心健康的方式对未成年人沉迷网络进行干预。

第六十九条 学校、社区、图书馆、文化馆、青少年宫等场所为未成年人提供的互联网上网服务设施，应当安装未成年人网络保护软件或者采取其他安全保护技术措施。

智能终端产品的制造者、销售者应当在产品上安装未成年人网络保护软件，或者以显著方式告知用户未成年人网络保护软件的安装渠道和方法。

第七十条 学校应当合理使用网络开展教学活动。未经学校允许，未成年学生不得将手机等智能终端产品带入课堂，带入学校的应当统一管理。

学校发现未成年学生沉迷网络的，应当及时告知其父母或者其他监护人，共同对未成年学生进行教育和引导，帮助其恢复正常的学习生活。

第七十一条 未成年人的父母或者其他监护人应当提高网络素养，规范自身使用网络的行为，加强对未成年人使用网络行为的引导和监督。

未成年人的父母或者其他监护人应当通过在智能终端产品上安装未成年人网络保护软件、选择适合未成年人的服务模式和管理功能等方式，避免未成年人接触危害或者可能影响其身心健康的网络信息，合理安排未成年人使用网络的时间，有效预防未成年人沉迷网络。

第七十二条 信息处理者通过网络处理未成年人个人信息的，应当遵循合法、正当和必要的原则。处理不满十四周岁未成年人个人信息的，应当征得未成年人的父母或者其他监护人同意，但法律、行政法规另有规定的除外。

未成年人、父母或者其他监护人要求信息处理者更正、删除未成年人个人信息的，信息处理者应当及时采取措施予以更正、删除，但法律、行政法规另有规定的除外。

第七十三条 网络服务提供者发现未成年人通过网络发布私密信息的，应当及时提示，并采取必要的保护措施。

第七十四条 网络产品和服务提供者不得向未成年人提供诱导其沉迷的产品和服务。

网络游戏、网络直播、网络音视频、网络社交等网络服务提供者应当针对未成年人使用其服务设置相应的时间管理、权限管理、消费管理等功能。

以未成年人为服务对象的在线教育网络产品和服务，不得插入网络游戏链接，不得推送广告等与教学无关的信息。

第七十五条 网络游戏经依法审批后方可运营。

国家建立统一的未成年人网络游戏电子身份认证系统。网络游戏服务提供者应当要求未成年人以真实身份信息注册并登录网络游戏。

网络游戏服务提供者应当按照国家有关规定和标准，对游戏产品进行分类，作出适龄提示，并采取技术措施，不得让未成年人接触不适宜的游戏或者游戏功能。

网络游戏服务提供者不得在每日二十二时至次日八时向未成年人提供网络游戏服务。

第七十六条 网络直播服务提供者不得为未满十六周岁的未成年人提供网络直播发布者账号注册服务；为年满十六周岁的未成年人提供网络直播发布者账号注册服务时，应当对其身份信息进行认证，并征得其父母或者其他监护人同意。

第七十七条 任何组织或者个人不得通过网络以文字、图片、音视频等形式，对未成年人实施侮辱、诽谤、威胁或者恶意损害形象等网络欺凌行为。

遭受网络欺凌的未成年人及其父母或者其他监护人有权通知网络服务提供者采取删除、屏蔽、断开链接等措施。网络服务提供者接到通知后，应当及时采取必要的措施制止网络欺凌行为，防止信息扩散。

第七十八条 网络产品和服务提供者应当建立便捷、合理、有效的投诉和举报渠道，公开投诉、举报方式等信息，及时受理并处理涉及未成年人的投诉、举报。

第七十九条 任何组织或者个人发现网络产品、服务含有危害未成年人身心健康的信息，有权向网络产品和服务提供者或者网信、公安等部门投诉、举报。

第八十条 网络服务提供者发现用户发布、传播可能影响未成年人身心健康的信息且未作显著提示的，应当作出提示或者通知用户予以提示；未作出提示的，不得传输相关信息。

网络服务提供者发现用户发布、传播含有危害未成年人身心健康内容的信息的，应当立即停止传输相关信息，采取删除、屏蔽、断开链接等处置措施，保存有关记录，并向网信、公安等部门报告。

网络服务提供者发现用户利用其网络服务对未成年人实施违法犯罪行为的，应当立即停止向该用户提供网络服务，保存有关记录，并向公安机关报告。

第六章　政府保护

第八十一条 县级以上人民政府承担未成年人保护协调机制具体工作的职能部门应当明确相关内设机构或者专门人员，负责承担未成年人保护工作。

乡镇人民政府和街道办事处应当设立未成年人保护工作站或者指定专门人员，及时办理未成年人相关事务；支持、指导居民委员会、村民委员会设立专人专岗，做好未成年人保护工作。

第八十二条 各级人民政府应当将家庭教育指导服务纳入城乡公共服务体系，开展家庭教育知识宣传，鼓励和支持有关人民团体、企业事业单位、社会组织开展家庭教育指导服务。

第八十三条 各级人民政府应当保障未成年人受教育的权利，并采取措施保障留守未成年人、困境未成年人、残疾未成年人接受义务教育。

对尚未完成义务教育的辍学未成年学生，教育行政部门应当责令父母或者其他监护人将其送入学校接受义务教育。

第八十四条 各级人民政府应当发展托育、学前教育事业，办好婴幼儿照护服务机构、幼儿园，支持社会力量依法兴办母婴室、婴幼儿照护服务机构、幼儿园。

县级以上地方人民政府及其有关部门应当培养和培训婴幼儿照护服务机构、幼儿园的保教人员，提高其职业道德素质和业务能力。

第八十五条 各级人民政府应当发展职业教育，保障未成年人接受职业教育或者职业技能培训，鼓励和支持人民团体、企业事业单位、社会组织为未成年人提供职业技能培训服务。

第八十六条 各级人民政府应当保障具有接受普通教育能力、能适应校园生活的残疾未成年人就近在普通学校、幼儿园接受教育；保障不具有接受普通教育能力的残疾未成年人在特殊教育学校、幼儿园接受学前教育、义务教育和职业教育。

各级人民政府应当保障特殊教育学校、幼儿园的办学、办园条件，鼓励和支持社会力量举办特殊教育学校、幼儿园。

第八十七条 地方人民政府及其有关部门应当保障校园安全，监督、指导学校、幼儿园等单位落实校园安全责任，建立突发事件的报告、处置和协调机制。

第八十八条 公安机关和其他有关部门应当依法维护校园周边的治安和交通秩序，设置监控设备和交通安全设施，预防和制止侵害未成年人的违法犯罪行为。

第八十九条 地方人民政府应当建立和改善适合未成年人的活动场所和设施，支持公益性未成年人活动场所和设施的建设和运行，鼓励社会力量兴办适合未成年人的活动场所和设施，并加强管理。

地方人民政府应当采取措施，鼓励和支持学校在国家法定节假日、休息日及寒暑假期将文化体育设施对未成年人免费或者优惠开放。

地方人民政府应当采取措施，防止任何组织或者个人侵占、破坏学校、幼儿园、婴幼儿照护服务机构等未成年人活动场所的场地、房屋和设施。

第九十条 各级人民政府及其有关部门应当对未成年人进行卫生保健和营养指导，提供卫生保健服务。

卫生健康部门应当依法对未成年人的疫苗预防接种进行规范，防治未成年人常见病、多发病，加强传染病防治和监督管理，做好伤害预防和干预，指导和监督学校、幼儿园、婴幼儿照护服务机构开展卫生保健工作。

教育行政部门应当加强未成年人的心理健康教育，建立未成年人心理问题的早期发现和及时干预机制。卫生健康部门应当做好未成年人心理治疗、心理危机干预以及精神障碍早期识别和诊断治疗等工作。

第九十一条 各级人民政府及其有关部门对困境未成年人实施分类保障，采取措施满足其生活、教育、安全、医疗康复、住房等方面的基本需要。

第九十二条 具有下列情形之一的，民政部门应当依法对未成年人进行临时监护：

（一）未成年人流浪乞讨或者身份不明，暂时查找不到父母或者其他监护人；

（二）监护人下落不明且无其他人可以担任监护人；

（三）监护人因自身客观原因或者因发生自然灾害、事故灾难、公共卫生事件等突发事件不能履行监护职责，导致未成年人监护缺失；

（四）监护人拒绝或者怠于履行监护职责，导致未成年人处于无人照料的状态；

（五）监护人教唆、利用未成年人实施违法犯罪行为，未成年人需要被带离安置；

（六）未成年人遭受监护人严重伤害或者面临人身安全威胁，需要被紧急安置；

（七）法律规定的其他情形。

第九十三条 对临时监护的未成年人，民政部门可以采取委托亲属抚养、家庭寄养等方式进行安置，也可以交由未成年人救助保护机构或者儿童福利机构进行收留、抚养。

临时监护期间，经民政部门评估，监护人重新具备履行监护职责条件的，民政部门可以将未成年人送回监护人抚养。

第九十四条 具有下列情形之一的，民政部门应当依法对未成年人进行长期监护：

（一）查找不到未成年人的父母或者其他监护人；

（二）监护人死亡或者被宣告死亡且无其他人可以担任监护人；

（三）监护人丧失监护能力且无其他人可以担任监护人；

（四）人民法院判决撤销监护人资格并指定由民政部门担任监护人；

（五）法律规定的其他情形。

第九十五条 民政部门进行收养评估后，可以依法将其长期监护的未成年人交由符合条件的申请人收养。收养关系成立后，民政部门与未成年人的监护关系终止。

第九十六条 民政部门承担临时监护或者长期监护职责的，财政、教育、卫生健康、公安等部门应当根据各自职责予以配合。

县级以上人民政府及其民政部门应当根据需要设立未成年人救助保护机构、儿童福利机构，负责收留、抚养由民政部门监护的未成年人。

第九十七条 县级以上人民政府应当开通全国统一的未成年人保护热线，及时受理、转介侵犯未成年人合法权益的投诉、举报；鼓励和支持人民团体、企业事业单位、社会组织参与建设未成年人保护服务平台、服务热线、服务站点，提供未成年人保护方面的咨询、帮助。

第九十八条 国家建立性侵害、虐待、拐卖、暴力伤害等违法犯罪人员信息查询系统，向密切接触未成年人的单位提供免费查询服务。

第九十九条 地方人民政府应当培育、引导和规范有关社会组织、社会工作者参与未成年人保护工作，开展家庭教育指导服务，为未成年人的心理辅导、康复救助、监护及收养评估等提供专业服务。

第七章　司法保护

第一百条 公安机关、人民检察院、人民法院和司法行政部门应当依法履行职责，保障未成年人合法权益。

第一百零一条 公安机关、人民检察院、人民法院和司法行政部门应当确定专门机构或者指定专门人员，负责办理涉及未成年人案件。办理涉及未成年人案件的人员应当经过专门培训，熟悉未成年人身心特点。专门机构或者专门人员中，应当有女性工作人员。

公安机关、人民检察院、人民法院和司法行政部门应当对上述机构和人员实行与未成年人保护工作相适应的评价考核标准。

第一百零二条 公安机关、人民检察院、人民法院和司法行政部门办理涉及未成年人案件，应当考虑未成年人身心特点和健康成长的需要，使用未成年人能够理解的语言和表达方式，听取未成年人的意见。

第一百零三条 公安机关、人民检察院、人民法院、司法行政部门以及其他组织和个人不得披露有关案件中未成年人的姓名、影像、住所、就读学校以及其他可能识别出其身份的信息，但查找失踪、被拐卖未成年人等情形除外。

第一百零四条 对需要法律援助或者司法救助的未成年人，法律援助机构或者公安机关、人民检察院、人民法院和司法行政部门应当给予帮助，依法为其提供法律援助或者司法救助。

法律援助机构应当指派熟悉未成年人身心特点的律师为未成年人提供法律援助服务。

法律援助机构和律师协会应当对办理未成年人法律援助案件的律师进行指导和培训。

第一百零五条 人民检察院通过行使检察权，对涉及未成年人的诉讼活动等依法进行监督。

第一百零六条 未成年人合法权益受到侵犯，相关组织和个人未代为提起诉讼的，人民检察院可以督促、支持其提起诉讼；涉及公共利益的，人民检察院有权提起公益诉讼。

第一百零七条 人民法院审理继承案件，应当依法保护未成年人的继承权和受遗赠权。

人民法院审理离婚案件，涉及未成年子女抚养问题的，应当尊重已满八周岁未成年子女的真实意愿，根据双方具体情况，按照最有利于未成年子女的原则依法处理。

第一百零八条 未成年人的父母或者其他监护人不依法履行监护职责或者严重侵犯被监护的未成年人合法权益的，人民法院可以根据有关人员或者单位的申请，依法作出人身安全保护令或者撤销监护人资格。

被撤销监护人资格的父母或者其他监护人应当依法继续负担抚养费用。

第一百零九条 人民法院审理离婚、抚养、收养、监护、探望等案件涉及未成年人的，可以自行或者委托社会组织对未成年人的相关情况进行社会调查。

第一百一十条 公安机关、人民检察院、人民法院讯问未成年犯罪嫌疑人、被告人，询问未成年被害人、证人，应当依法通知其法定代理人或者其成年亲属、所在学校的代表等合适成年人到场，并采取适当方式，在适当场所进行，保障未成年人的名誉权、隐私权和其他合法权益。

人民法院开庭审理涉及未成年人案件，未成年被害人、证人一般不出庭作证；必须出庭的，应当采取保护其隐私的技术手段和心理干预等保护措施。

第一百一十一条 公安机关、人民检察院、人民法院应当与其他有关政府部门、人民团体、社会组织互相配合，对遭受性侵害或者暴力伤害的未成年被害人及其家庭实施必要的心理干预、经济救助、法律援助、转学安置等保护措施。

第一百一十二条 公安机关、人民检察院、人民法院办理未成年人遭受性侵害或者暴力伤害案件，在询问未成年被害人、证人时，应当采取同步录音录像等措施，尽量一次完成；未成年被害人、证人是女性的，应当由女性工作人员进行。

第一百一十三条 对违法犯罪的未成年人，实行教育、感化、挽救的方针，坚持教育为主、惩罚为辅的原则。

对违法犯罪的未成年人依法处罚后，在升学、就业等方面不得歧视。

第一百一十四条 公安机关、人民检察院、人民法院和司法行政部门发现有关单位未尽到未成年人教育、管理、救助、看护等保护职责的，应当向该单位提出建议。被建议单位应当在一个月内作出书面回复。

第一百一十五条 公安机关、人民检察院、人民法院和司法行政部门应当结合实际，根据涉及未成年人案件的特点，开展未成年人法治宣传教育工作。

第一百一十六条 国家鼓励和支持社会组织、社会工作者参与涉及未成年人案件中未成年人的心理干预、法律援助、社会调查、社会观护、教育矫治、社区矫正等工作。

第八章　法律责任

第一百一十七条 违反本法第十一条第二款规定，未履行报告义务造成严重后果的，由上级主管部门或者所在单位对直接负责的主管人员和其他直接责任人员依法给予处分。

第一百一十八条 未成年人的父母或者其他监护人不依法履行监护职责或者侵犯未成年人合法权益的，由其居住地的居民委员会、村民委员会予以劝诫、制止；情节严重的，居民委员会、村民委员会应当及时向公安机关报告。

公安机关接到报告或者公安机关、人民检察院、人民法院在办理案件过程中发现未成年人的父母或者其他监护人存在上述情形的，应当予以训诫，并可以责令其接受家庭教育指导。

第一百一十九条 学校、幼儿园、婴幼儿照护服务等机构及其教职员工违反本法第二十七条、第二十八条、第三十九条规定的，由公安、教育、卫生健康、市场监督管理等部门按照职责分工责令改正；拒不改正或者情节严重的，对直接负责的主管人员和其他直接责任人员依法给予处分。

第一百二十条 违反本法第四十四条、第四十五条、第四十七条规定，未给予未成年人免费或者优惠待遇的，由市场监督管理、文化和旅游、交通运输等部门按照职责分工责令限期改正，给予警告；拒不改正的，处一万元以上十万元以下罚款。

第一百二十一条 违反本法第五十条、第五十一条规定的，由新闻出版、广播电视、电影、网信等部门按照职责分工责令限期改正，给予警告，没收违法所得，可以并处十万元以下罚款；拒不改正或者情节严重的，责令暂停相关业务、停产停业或者吊销营业执照、吊销相关许可证，违法所得一百万元以上的，并处违法所得一倍以上十倍以下的罚款，没有违法所得或者违法所得不足一百万元的，并处十万元以上一百万元以下罚款。

第一百二十二条 场所运营单位违反本法第五十六条第二款规定、住宿经营者违反本法第五十七条规定的，由市场监督管理、应急管理、公安等部门按照职责分工责令限期改正，给予警告；拒不改正或者造成严重后果的，责令停业整顿或者吊销营业执照、吊销相关许可证，并处一万元以上十万元以下罚款。

第一百二十三条 相关经营者违反本法第五十八条、第五十九条第一款、第六十条规定的，由文化和旅游、市场监督管理、烟草专卖、公安等部门按照职责分工责令限期改正，给予警告，没收违法所得，可以并处五万元以下罚款；拒不改正或者情节严重的，责令停业整顿或者吊销营业执照、吊销相关许可证，可以并处五万元以上五十万元以下罚款。

第一百二十四条 违反本法第五十九条第二款规定，在学校、幼儿园和其他未成年人集中活动的公共场所吸烟、饮酒的，由卫生健康、教育、市场监督管理等部门按照职责分工责令改正，给予警告，可以并处五百元以下罚款；场所管理者未及时制止的，由卫生健康、教育、市场监督管理等部门按照职责分工给予警告，并处一万元以下罚款。

第一百二十五条 违反本法第六十一条规定的，由文化和旅游、人力资源和社会保障、市场监督管理等部门按照职责分工责令限期改正，给予警告，没收违法所得，可以并处十万元以下罚款；拒不改正或者情节严重的，责令停产停业或者吊销营业执照、吊销相关许可证，并处十万元以上一百万元以下罚款。

第一百二十六条 密切接触未成年人的单位违反本法第六十二条规定，未履行查询义务，或者招用、继续聘用具有相关违法犯罪记录人员的，由教育、人力资源和社会保障、市场监督管理等部门按照职责分工责令限期改正，给予警告，并处五万元以下罚款；拒不改正或者造成严重后果的，责令停业整顿或者吊销营业执照、吊销相关许可证，并处五万元以上五十万元以下罚款，对直接负责的主管人员和其他直接责任人员依法给予处分。

第一百二十七条 信息处理者违反本法第七十二条规定，或者网络产品和服务提供者违反本法第七十三条、第七十四条、第七十五条、第七十六条、第七十七条、第八十条规定的，由公安、网信、电信、新闻出版、广播电视、文化和旅游等有关部门按照职责分工责令改正，给予警告，没收违法所得，违法所得一百万元以上的，并处违法所得一倍以上十倍以下罚款，没有违法所得或者违法所得不足一百万元的，并处十万元以上一百万元以下罚款，对直接负责的主管人员和其他责任人员处一万元以上十万元以下罚款；拒不改正或者情节严重的，并可以责令暂停相关业务、停业整顿、关闭网站、吊销营业执照或者吊销相关许可证。

第一百二十八条 国家机关工作人员玩忽职守、滥用职权、徇私舞弊，损害未成年人合法权益的，依法给予处分。

第一百二十九条 违反本法规定，侵犯未成年人合法权益，造成人身、财产或者其他损害的，依法承担民事责任。

违反本法规定，构成违反治安管理行为的，依法给予治安管理处罚；构成犯罪的，依法追究刑事责任。

第九章　附　则

第一百三十条 本法中下列用语的含义：

（一）密切接触未成年人的单位，是指学校、幼儿园等教育机构；校外培训机构；未成年人救助保护机构、儿童福利机构等未成年人安置、救助机构；婴幼儿照护服务机构、早期教育服务机构；校外托管、临时看护机构；家政服务机构；为未成年人提供医疗服务的医疗机构；其他对未成年人负有教育、培训、监护、救助、看护、医疗等职责的企业事业单位、社会组织等。

（二）学校，是指普通中小学、特殊教育学校、中等职业学校、专门学校。

（三）学生欺凌，是指发生在学生之间，一方蓄意或者恶意通过肢体、语言及网络等手段实施欺压、侮辱，造成另一方人身伤害、财产损失或者精神损害的行为。

第一百三十一条　对中国境内未满十八周岁的外国人、无国籍人，依照本法有关规定予以保护。

第一百三十二条　本法自 2021 年 6 月 1 日起施行。

第三部分　案例解析

一、防止未成年人滥用药物综合司法保护案

（检例第171号）

【关键词】

综合履职　附条件不起诉　行政公益诉讼　滥用药物　数字检察

【要旨】

检察机关办理涉未成年人案件，应当统筹发挥多种检察职能，通过一体融合履职，加强未成年人综合司法保护。对有滥用药物问题的涉罪未成年人适用附条件不起诉时，可以细化戒瘾治疗措施，提升精准帮教的效果。针对个案中发现的社会治理问题，充分运用大数据分析，深挖类案线索，推动堵漏建制、源头保护，提升“个案办理—类案监督—系统治理”工作质效。

【基本案情】

被附条件不起诉人杨某某，男，作案时17周岁，初中文化，公司文员。

被附条件不起诉人李某某，男，作案时17周岁，初中文化，无业。

被附条件不起诉人杜某某，男，作案时16周岁，初中文化，在其父的菜场摊位帮工。

被附条件不起诉人何某某，男，作案时17周岁，小学文化，无业。

被告人郭某某，男，作案时17周岁，初中文化，休学。

被告人张某某，男，作案时16周岁，初中文化，无业。

被告人陈某某，男，作案时16周岁，初中文化，休学。

2019年至2020年7月，杨某某等7名未成年人在汪某等成年人（另案处理，已判刑）的纠集下，多次在某某省某某市实施聚众斗殴、寻衅滋事等违法犯罪活动。经查，杨某某、李某某长期大量服用通过网络购买的氢溴酸右美沙芬（以下简称“右美沙芬”），形成一定程度的药物依赖。“右美沙芬”属于非处方止咳药，具有抑制神经中枢的作用，长期服用会给人带来兴奋刺激，易产生暴躁不安、冲动、醉酒样等成瘾性身体表现，易诱发暴力型犯罪或遭受侵害。该药物具有一定的躯体耐受性，停药后会出现胸闷、头晕等戒断反应。

【检察机关履职过程】

审查起诉和附条件不起诉。2020年10月，某某省某某市某县公安局将杨某某等7名未成年人分别以涉嫌聚众斗殴、寻衅滋事罪移送审查起诉，某县人民检察院受理后，及时启动社会调查、心理测评等特别程序。经综合评估7名未成年人在共同犯罪中的作用及其成长经历、主观恶性、悔罪表现、监护帮教条件、再犯可能性等因素，依法对杨某某、李某某、杜某某、何某某做出附条件不起诉决定。针对杨某某、李某某的暴力行为与长期大量服用“右美沙芬”成瘾相关，检察机关将禁止滥用药物、配合戒瘾治疗作为所附条件之

一，引入专业医疗、心理咨询机构对二人进行“右美沙芬”戒断治疗，并阶段性评估和调整帮教措施，使二人的药物依赖问题明显改善。对犯罪情节严重的郭某某、张某某、陈某某，依法提起公诉。后人民法院以聚众斗殴罪、寻衅滋事罪数罪并罚，判处郭某某、张某某、陈某某有期徒刑 2 年至 2 年 3 个月不等。

行政公益诉讼。办案期间，某县人民检察院对当地近年来发生的类似刑事案件进行梳理，发现多名涉案未成年人存在“右美沙芬”滥用情况，与未成年人实施犯罪或遭受侵害存在一定关联。在将该情况报告某某市人民检察院后，某某市人民检察院在某某省检察大数据法律监督平台上开展数字建模分析，汇总 2020 年 1 月起线下线上“右美沙芬”流通数据，集中筛选购买时间间隔短、频次高、数量大的人员，并与检察业务应用系统内的涉案未成年人信息以及公安行政违法案件中的未成年人信息进行数据碰撞，经比对研判后发现，该市 46 名涉案未成年人有“右美沙芬”滥用史。

经初步调查，当地部分实体药店、网络药店等违反《中华人民共和国药品管理法》《中华人民共和国药品管理法实施条例》等有关规定，存在部分微商无资质或者违法加价网络销售“右美沙芬”、部分网络平台未设置相关在线药学服务渠道等问题。同时，销售“右美沙芬”未履行用药风险提示和指导用药义务等情况也普遍存在。某某市市场监督管理局作为承担药品安全监督管理职责的行政部门，未依法全面履行药品经营和流通监督管理职责，导致未成年人可以随意购买“右美沙芬”，危害未成年人身体健康，损害社会公共利益。2021 年 4 月，某某市人民检察院作为行政公益诉讼立案并开展调查取证工作，将在刑事案件中调取的涉案人员微信聊天记录、手机交易记录等，作为公益诉讼案件证据材料，并固定药物来源、用药反应、用药群体、公益受损事实等关联证据，证实不特定未成年人利益受到损害。

2021 年 4 月 25 日，某某市人民检察院向某某市市场监督管理局发出行政公益诉讼诉前检察建议：一是严格落实监测药品销售实名登记制度，对未成年人购药异常情况予以管控。二是加大“右美沙芬”网络经营流通的监管力度，依法查处非法销售问题。三是对“右美沙芬”成瘾性及安全风险开展测评，推动提升药品管制级别。检察建议发出后，某某市市场监督管理局采纳检察建议，依法排查销售记录 34112 条，排查网络销售企业 326 家，梳理异常购药记录 600 余条，查处网络违法售药案件 8 起，追踪滥用涉案药物人员 89 名；建立按需销售原则，明确医师的用药指导和安全提示义务；落实实名登记、分级预警等综合治理措施。

促进社会治理。某某市人民检察院会同当地市场监督管理部门、药学会、药品经营企业代表围绕未成年人滥用药物风险防控深入研讨、凝聚共识，推动某某市市场监督管理局制发《未成年人药物滥用风险管控实施意见(试行)》，加强对实体、网络药品销售企业的监督管理，健全涉未成年人滥用药物事件应急预警处置机制。某某省人民检察院对某某市检察机关办案情况加强指导，同时建议某某省教育厅、市场监督管理局等单位开展涉案药物的交易监测、专项检查、成瘾性研究，自下而上推动国家层面研究调整“右美沙芬”药物管制级别。2021 年 12 月，国家药品监督管理局根据各地上报案件信息和反映情况，将“右美沙芬”口服单方制剂由非处方药转为处方药管理。2022 年 11 月，国家药品监督管理局发布《药品网络销售禁止清单(第一版)》公告，将“右美沙芬”口服单方制剂纳入禁止通过网络零售的药品清单。

【指导意义】

(一)统筹运用多种检察职能,推动完善一体履职、全面保护、统分有序的未检融合履职模式,综合保护未成年人合法权益。检察机关应当充分发挥未检业务集中统一办理优势,强化系统审查意识和综合取证能力,在办理涉未成年人刑事案件过程中,一并审查未成年人相关公共利益等其他权益是否遭受损害。对经审查评估需要同步履行相关法律监督职责的案件,应当依法融合履职,综合运用法律赋予的监督手段,系统维护未成年人合法权益。

(二)附条件不起诉考验期监督管理规定的设定,应当以最有利于教育挽救未成年人为原则,体现帮教考察的个性化、精准性和有效性。检察机关对未成年人做出附条件不起诉决定时,应当考虑涉罪未成年人发案原因和个性需求,细化矫治教育措施。对共同犯罪的未成年人,既要考虑其共性问题,又要考虑每名涉罪未成年人的实际情况和个体特点,设置既有共性又有个性的监督管理规定和帮教措施,并督促落实。对存在滥用药物情形的涉罪未成年人,检察机关应当会同未成年人父母或其他监护人,要求其督促未成年人接受心理疏导和戒断治疗,并将相关情况纳入监督考察范围,提升精准帮教效果,落实附条件不起诉制度的教育矫治功能,帮助涉罪未成年人顺利回归社会。

(三)能动运用大数据分析,提升法律监督质效,做实源头治理。检察机关要综合研判案件背后的风险因素、类案特质,主动应用数字思维,通过数字建模进行数据分析和比对,深挖药品流通过程中的问题,系统梳理类案监督线索,精准发现案发领域治理漏洞,通过开展公益诉讼等方式实现协同治理,促进有关方面依法履职、加强监管执法,推动从顶层设计上健全制度机制,完善相关领域社会治理,实现办案法律效果和社会效果的有机统一。

【相关规定】

《中华人民共和国刑事诉讼法》(2018 修正)第二百八十三条

《中华人民共和国行政诉讼法》(2017 修正)第二十五条第四款

《中华人民共和国未成年人保护法》(2020 修订)第一百零六条

《中华人民共和国预防未成年人犯罪法》(2020 修订)第四条

《中华人民共和国药品管理法》(2019 修订)第三条、第十一条、第十二条、第五十一条、第五十二条

《中华人民共和国药品管理法实施条例》(2019 修订)第十五条、第十九条、第五十一条

二、阻断性侵犯罪未成年被害人感染艾滋病风险综合司法保护案

(检例第 172 号)

【关键词】

奸淫幼女　情节恶劣　认罪认罚　艾滋病暴露后预防　检察建议

【要旨】

检察机关办理性侵害未成年人案件,在受邀介入侦查时,应当及时协同做好取证和未成年被害人保护救助工作。对于遭受艾滋病病人或感染者性侵的未成年被害人,应当

立即开展艾滋病暴露后预防并进行心理干预、司法救助，最大限度降低犯罪给其造成的危害后果和长期影响。行为人明知自己系艾滋病病人或感染者，奸淫幼女，造成艾滋病传播重大现实风险的，应当认定为奸淫幼女"情节恶劣"。对于犯罪情节恶劣，社会危害严重，主观恶性大的成年人性侵害未成年人案件，即使认罪认罚也不足以从宽处罚的，依法不予从宽。发现类案风险和社会治理漏洞，应当积极推动风险防控和相关领域制度完善。

【基本案情】

被告人王某某，男，1996年8月出生，2016年6月因犯盗窃罪被刑事拘留，入所体检时确诊为艾滋病病毒感染者，同年10月被依法判处有期徒刑6个月。2017年10月确诊为艾滋病病人，但王某某一直未按县疾病预防控制中心要求接受艾滋病抗病毒治疗。

被告人王某某与被害人林某某（女，案发时13周岁）于案发前一周在奶茶店相识，被害人告诉王某某自己在某中学初一就读，其父母均在外务工，自己跟随奶奶生活。2020年8月25日晚，被告人王某某和朋友曹某某、被害人林某某在奶茶店玩时，王某某提出到林某某家里拿酒喝。21时许，王某某骑摩托车搭载林某某、曹某某一同前往林某某家，到达林某某所住小区后曹某某有事离开。王某某进入林某某家后产生奸淫之意，明知林某某为初一学生，以扇耳光等暴力手段，强行与林某某发生性关系。当晚林某某报警。次日下午，王某某被抓获归案，但未主动向公安机关供述自己系艾滋病病人的事实。

【检察机关履职过程】

（一）开展保护救助

2020年，某某省某县人民检察院与各镇（街道）政法委员和村（社区）治保委员建立了应急处置、线索收集、协作协同等涉未成年人保护联动机制。2020年8月26日上午，县公安局向县人民检察院通报有留守儿童在8月25日晚被性侵，县人民检察院通过联动机制获知该犯罪嫌疑人已被确诊艾滋病。县人民检察院受邀介入侦查，一方面，建议公安机关围绕行为人是否明知自己患有艾滋病、是否明知被害人系不满14周岁的幼女，以及被害人遭受性侵后身心状况等情况调查取证；另一方面，启动未成年人保护联动应急处置机制，协同公安机关和卫生健康部门对被害人开展艾滋病暴露后预防，指导被害人服用阻断药物。因阻断工作启动及时，取得较好效果，被害人在受到侵害后进行了三次艾滋病病毒抗体检测，均呈阴性。检察机关还会同公安机关全面了解被害人家庭情况，协调镇、村妇联、教育行政部门开展临时生活照料、情绪安抚、心理干预、法律援助、转学复课、家庭教育指导工作，并对被害人开展司法救助。

（二）组织不公开听证

本案审查过程中，对于犯罪嫌疑人王某某的行为已构成强奸罪不存在争议，但对于能否适用《中华人民共和国刑法》第二百三十六条第三款第一项"奸淫幼女情节恶劣"存在认识分歧。为保护被害人隐私，2021年1月13日，县人民检察院组织召开不公开听证会，听取艾滋病防治专家、法学专家和未成年人保护单位等各方面意见。听证员认为，犯罪嫌疑人已经确诊为艾滋病病人，案发时处于发病期，其体内病毒载量高，传染性极强，给被害人带来了极大的感染风险。犯罪嫌疑人明知自己系艾滋病病人，性侵幼女，严重危及被害人身心健康，其社会危害性与《中华人民共和国刑法》第二百三十六条第三款第二项至五项规定的严重情形具有相当性。经评议，听证员一致认为本案应按照"奸淫幼女情节恶劣”论处。

（三）指控和证明犯罪

某县人民检察院根据案件事实、证据并参考听证意见审查认为，王某某属于奸淫幼女情节恶劣，决定以强奸罪提起公诉，综合王某某系累犯，以及具有进入未成年人住所、采取暴力手段、对农村留守儿童实施犯罪等司法解释性文件规定的从严惩处情节，提出判处有期徒刑 15 年、剥夺政治权利 5 年的量刑建议。

2021 年 2 月 8 日，某县人民法院依法不公开开庭审理本案。被告人王某某及其辩护人对检察机关指控的主要犯罪事实、证据无异议，但提出以下辩解及辩护意见：一是被告人的行为没有造成被害人感染艾滋病的后果，不应当认定为奸淫幼女情节恶劣的情形；二是被告人认罪认罚，建议从宽处理。

针对第一条辩解及辩护意见，公诉人答辩指出：本案适用的是《中华人民共和国刑法》第二百三十六条第三款第一项情节加重，而不是第五项结果加重。本案被告人的行为应当评价为“情节恶劣”，主要理由：一是王某某明知自己患有艾滋病，亦明知自己的行为可能导致的严重危害后果，仍强行与不满 14 周岁的幼女发生性关系，无视别人的健康权和生命权，其行为主观恶性大。二是不满 14 周岁的幼女自我保护能力更弱，是刑法特殊保护对象。本案被害人是只有 13 周岁的幼女，被艾滋病病人王某某性侵，有可能因感染艾滋病导致身体健康终身受害，被告人王某某的行为造成艾滋病传播重大现实风险，犯罪性质恶劣，社会危害严重。三是虽然被害人目前未检出艾滋病病毒，但危害后果的阻断得益于司法机关和卫生健康部门的及时干预，不能因此减轻被告人的罪责。而且，由于检测窗口期和个体差异的存在，尚不能完全排除被害人感染艾滋病病毒的可能。这种不确定性将长期影响未成年被害人及其家人的生活。因此，应当认定被告人奸淫幼女“情节恶劣”。

针对第二条辩解及辩护意见，公诉人答辩指出：根据《最高人民法院 最高人民检察院 公安部 国家安全部 司法部关于适用认罪认罚从宽制度的指导意见》，被告人认罪认罚后是否从宽，由司法机关根据案件具体情况决定。本案被告人王某某犯罪情节恶劣，社会危害严重，主观恶性大。且王某某系累犯，又有采取暴力手段奸淫幼女、对农村留守儿童实施犯罪等多项从严惩处情节，虽然认罪认罚，但根据其犯罪事实、性质、情节和影响，不属于《中华人民共和国刑事诉讼法》第十五条规定的“可以依法从宽处理”的情形。

（四）处理结果

2021 年 2 月，某县人民法院采纳检察机关的公诉意见和量刑建议，以强奸罪判处王某某有期徒刑 15 年，剥夺政治权利 5 年。判决宣告后，王某某未提出上诉，判决已生效。

（五）制发检察建议

艾滋病病人或感染者性侵害犯罪案件，若不能及时发现和确认犯罪嫌疑人系艾滋病病人或感染者，并立即开展病毒阻断治疗，将给被害人带来感染艾滋病的极大风险。结合本案暴露出的问题，检察机关开展了专项调查，通过调阅该县 2017 年至 2020 年性侵案件犯罪嫌疑人第一次讯问、拘留入所体检等相关材料，以及到卫生健康部门、公安机关走访了解、查阅档案、询问相关人员、听取意见等，查明：按照《艾滋病防治条例》的规定，公安机关对依法拘留的艾滋病病人或感染者应当采取相应的防治措施防止艾滋病传播，卫生健康部门要对建档的艾滋病病人或感染者进行医学随访，对公安机关采取的防治措施应当予以配合。但实践中，犯罪嫌疑人一般不会主动告知被害人和公安机关自己系艾滋病病人或感染者，公安机关主要通过拘留入所体检才能发现犯罪嫌疑人系艾滋病病人或感染者。通过办案数据分析，拘留入所体检超过案发时间24小时的占比达85.70%，这就势必会错失对被艾滋病病人或感染者性侵的被害人开展暴露后预防的24小时黄金时间。存在此问题的原因主要在于公安机关和卫生健康部门之间对案发后第一时间查明犯罪嫌疑人是否系艾滋病病人或感染者缺乏有效沟通核查机制，对性侵害被害人健康权、生命权保护存在安全漏洞。某县人民检察院随即向县公安局制发检察建议并抄送县卫生健康局，建议完善相关信息沟通核查机制，对性侵害案件犯罪嫌疑人应当第一时间开展艾滋病信息核查，对被害人开展艾滋病暴露后预防时间一般应当在案发后24小时之内。检察建议引起相关部门高度重视，县人民检察院会同县公安局、县卫生健康局多次进行研究磋商，三部门联合制定《关于建立性侵害案件艾滋病信息核查制度的意见》，明确了对性侵害案件犯罪嫌疑人进行艾滋病信息核查的时间要求和方式、对被害人开展暴露后预防的用药时间，以及持续跟踪关爱保护未成年被害人等措施，切实预防艾滋病病毒通过性侵害等行为向被害人特别是未成年被害人传播。

【指导意义】

对于性侵害未成年人犯罪案件，检察机关受邀介入侦查时应当同步开展未成年被害人保护救助工作。性侵害未成年人案件存在发现难、取证难、危害大的特点，检察机关在受邀介入侦查时，应当建议侦查机关围绕犯罪嫌疑人主观恶性、作案手段、被害人遭受侵害后身心状况等进行全面取证。同时，建议或协同公安机关第一时间核查犯罪嫌疑人是否系艾滋病病人或感染者。确定犯罪嫌疑人系艾滋病病人或感染者的，应当立即协同公安机关和卫生健康部门开展艾滋病暴露后预防，切实保护未成年被害人健康权益。检察机关应当发挥未成年人检察社会支持体系作用，从介入侦查阶段就及时启动心理干预、司法救助、家庭教育指导等保护救助措施，尽可能将犯罪的伤害降至最低。

犯罪嫌疑人明知自己是艾滋病病人或感染者，奸淫幼女，造成艾滋病传播重大现实风险的，应当认定为奸淫幼女"情节恶劣"。行为人明知自己患有艾滋病或者感染艾滋病病毒，仍对幼女实施奸淫，放任艾滋病传播风险的发生，客观上极易造成被害人感染艾滋病的严重后果，主观上体现出行为人对幼女健康权、生命权的极度漠视，应当依法认定为奸淫幼女"情节恶劣"，适用十年以上有期徒刑、无期徒刑或者死刑的刑罚。对成年人性侵害未成年人犯罪，应综合考虑案件性质、主观恶性、具体情节、社会危害等因素，从严适用认罪认罚从宽制度。对于犯罪性质和危害后果严重、犯罪手段残忍、社会影响恶劣的，可依法不予从宽处罚。

办理案件中发现未成年人保护工作机制存在漏洞的，应当着眼于最有利于未成年人的原则和社会公共利益维护，推动相关领域制度机制完善。对于案件中暴露出的未成年人保护重大风险隐患，检察机关应当深入调查，针对性采取措施，促进相关制度和工作机制完善，促使职能部门更加积极有效依法履职尽责，推动形成损害修复与风险防控相结合，事前保护与事后救助相结合的未成年人综合保护模式。艾滋病暴露后预防有时间窗口，及时发现和确定性侵犯罪嫌疑人系艾滋病人或感染者是关键。办案机关同卫生健康部门之间建立顺畅有效的相关信息沟通核查机制是基础。检察机关针对这方面存在的机制漏洞，会同相关部门建章立制、完善制度措施，有利于最大化保护性侵害案件未成年被害人的生命健康权。

【相关规定】

《中华人民共和国刑法》（2020 修正）第二百三十六条

《中华人民共和国未成年人保护法》（2020 修订）第一百条

《艾滋病防治条例》（2019 修订）第三十一条

《最高人民法院 最高人民检察院 公安部 司法部关于依法惩治性侵害未成年人犯罪的意见》（2013 施行）第二十五条

《最高人民法院 最高人民检察院 公安部 国家安全部 司法部关于适用认罪认罚从宽制度的指导意见》（2019 施行）第五条

《人民检察院检察建议工作规定》（2019 施行）第十一条

三、惩治组织未成年人进行违反治安管理活动犯罪综合司法保护案

（检例第 173 号）

【关键词】

组织未成年人进行违反治安管理活动罪　有偿陪侍　情节严重　督促监护令　社会治理

【要旨】

对组织未成年人在 KTV 等娱乐场所进行有偿陪侍的，检察机关应当以组织未成年人进行违反治安管理活动罪进行追诉，并可以从被组织人数、持续时间、组织手段、陪侍情节、危害后果等方面综合认定本罪的“情节严重”。检察机关应当针对案件背后的家庭监护缺失、监护不力问题开展督促监护工作，综合评估监护履责中存在的具体问题，制发个性化督促监护令，并跟踪落实。检察机关应当坚持未成年人保护治罪与治理并重，针对个案发生的原因开展源头治理。

【基本案情】

原审被告人张某，女，1986 年 11 月出生，个体工商户。

自 2018 年开始，张某为获取非法利益，采用殴打、言语威胁等暴力手段，以及专人看管、“打欠条”经济控制、扣押身份证等限制人身自由的手段，控制 17 名未成年女性在其经营的 KTV 内提供有偿陪侍服务。张某要求未成年女性着装暴露，提供陪酒以及让客人搂抱等陪侍服务。17 名未成年被害人因被组织有偿陪侍而沾染吸烟、酗酒、夜不归宿等不良习惯，其中吴某等因被组织有偿陪侍而辍学，杜某某等出现性格孤僻、自暴自弃等情形。

【检察机关履职过程】

（一）刑事案件办理

2019 年 6 月 27 日，某某省某某市公安局接群众举报，依法查处张某经营的 KTV，7 月 14 日张某到公安机关投案。同年 11 月，某某市人民检察院以组织未成年人进行违反治安管理活动罪对张某提起公诉。2020 年 4 月，某某市人民法院做出判决，认定张某具有自首情节，以组织未成年人进行违反治安管理活动罪判处张某有期徒刑 2 年，并处罚金

100000元。一审宣判后,张某以量刑过重为由提出上诉,某某市中级人民法院以“积极主动缴纳罚金”为由对其从轻处罚,改判张某有期徒刑1年6个月,并处罚金100000元。

同级检察机关认为二审判决对张某量刑畸轻,改判并减轻刑罚理由不当,确有错误,按照审判监督程序提请某某省人民检察院抗诉。2021年2月,某某省人民检察院依法向某某省高级人民法院提出抗诉,某某省高级人民法院依法开庭审理。原审被告人张某及其辩护人在再审庭审中提出本罪“情节严重”目前无明确规定,从有利于被告人角度出发,不应予以认定,且张某构成自首,原审判决量刑适当。某某省人民检察院派员出庭发表意见。一是侵害未成年人犯罪依法应予严惩,本案查实的未成年陪侍人员达17名,被侵害人数众多。二是张某自2018年开始组织未成年人进行有偿陪侍活动,持续时间较长。三是张某采用殴打、言语威胁、扣押身份证、强制“打欠条”等手段,对被害人进行人身和经济控制,要求陪侍人员穿着暴露,提供陪酒以及让客人搂抱等陪侍服务,对被害人身心健康损害严重。四是17名被害人因被组织有偿陪侍,沾染吸烟、酗酒、夜不归宿等不良习惯,部分未成年人出现辍学、自暴自弃、心理障碍等情况,危害后果严重。综合上述情节,本案应认定为“情节严重”。此外,张某虽自动投案,但在投案后拒不承认其经营KTV的陪侍人员中有未成年人,在公安机关掌握其主要犯罪事实后才如实供述,依法不应认定为自首。2021年11月29日,某某省高级人民法院依法做出判决,采纳检察机关意见,改判张某有期徒刑5年,并处罚金300000元。

(二)制发督促监护令

检察机关办案中发现,17名未成年被害人均存在家庭监护缺失、监护不力等问题,影响未成年人健康成长,甚至导致未成年人遭受犯罪侵害。检察机关对涉案未成年人的生活环境、家庭教育、监护人监护履责状况等进行调查评估,针对不同的家庭问题,向未成年被害人的监护人分别制发个性化督促监护令:针对监护人长期疏于管教,被害人沾染不良习气及义务教育阶段辍学问题,督促监护人纠正未成年被害人无心向学、沉迷网络等不良习惯,帮助其返校入学;针对监护人教养方式不当,导致亲子关系紧张问题,督促监护人接受家庭教育指导,改变简单粗暴或溺爱的教养方式,提高亲子沟通能力;针对被害人自护意识、能力不足的问题,督促监护人认真学习青春期性教育知识,引导孩子加强自我防护等。检察机关还与公安机关、村委会协作联动,通过电话回访、实地走访等方式推动督促监护令落实。对落实不力的监护人,检察机关委托家庭教育指导师制定改进提升方案,并协调妇联、关工委安排村妇联主席、“五老”志愿者每周两次入户指导。通过上述措施,本案未成年被害人家庭监护中存在的问题得到明显改善。

(三)制发检察建议

针对办案中发现的KTV等娱乐场所违规接纳未成年人问题,2020年9月,检察机关向负有监督管理职责的市文化和旅游局等行政职能部门制发检察建议,督促依法履职。收到检察建议后,相关行政职能部门组织开展了娱乐场所无证无照经营专项整治、校园周边文化环境治理等专项行动,重点对违规接纳未成年人、未悬挂未成年人禁入或者限入标志等违法经营行为进行查处,共检查各类经营场所80余家次,查处整改问题20余个,关停4家无证经营歌舞娱乐场所。针对多名被害人未完成义务教育的情形,2020年12月,检察机关向市教育和体育局制发检察建议,督促其履行职责,市教育和体育局组织全面排查工作，劝导78名未成年人返回课堂，完善了适龄入学儿童基础信息共享、入学情况全面核查、辍学劝返、教师家访全覆盖、初中毕业生去向考核等义务教育阶段“控辍保学”机制。针对本案17名被害人均来自农村，成长过程中法治教育和保护措施相对缺乏，检察机关延伸履职，主动向市委政法委专题报告，推动将未成年人保护纳入村域网格化管理体系。在市委政法委的统一领导下，检察机关依托村级活动站建立未成年人检察联系点，择优选聘915名儿童主任、村妇联主席协助检察机关开展法治宣传、社会调查、督促监护、强制报告、公益诉讼线索收集等工作，共同织密未成年人保护工作网络。

【指导意义】

准确把握组织未成年人有偿陪侍行为的定罪处罚，从严惩处侵害未成年人犯罪。刑法修正案（七）增设组织未成年人进行违反治安管理活动罪，旨在加强未成年人保护，维护社会治安秩序。《娱乐场所管理条例》将以营利为目的的陪侍与卖淫嫖娼、赌博等行为并列，一并予以禁止，并规定了相应的处罚措施，明确了该行为具有妨害社会治安管理的行政违法性。处于人生成长阶段的未成年人被组织从事有偿陪侍服务，不仅败坏社会风气，危害社会治安秩序，更严重侵害未成年人的人格尊严和身心健康，构成组织未成年人进行违反治安管理活动罪。检察机关办理此类案件，可以围绕被组织人数众多，犯罪行为持续时间长，采用控制手段的强制程度，陪侍方式严重损害未成年人身心健康等情形，综合认定为“情节严重”。

聚焦案件背后的问题，统筹使用督促监护令、检察建议等方式，以检察司法保护促进家庭、社会、政府等保护责任落实。在办理涉未成年人案件过程中，检察机关应当注重分析案件暴露出的家庭、社会等方面的问题，结合办案对未成年人的生活环境、家庭教育、监护人监护履责状况等进行调查评估，制定个性化督促监护方案，并跟踪落实，指导、帮助和监督监护人履行监护职责。检察机关应当依法能动履行法律监督职能，督促相关职能部门加强管理、落实责任。检察机关还可以加强与相关部门的协作联动，形成整体合力，积极促进区域未成年人保护制度完善和社会综合治理，更好保护未成年人合法权益和公共利益。

【相关规定】

《中华人民共和国刑法》（2020修正）第二百六十二条之二

《中华人民共和国刑事诉讼法》（2018修正）第二百五十四条

《中华人民共和国未成年人保护法》（2020修订）第七条、第一百一十八条

《中华人民共和国家庭教育促进法》（2022施行）第四十九条

《娱乐场所管理条例》（2020修订）第三条、第十四条

四、未成年人网络民事权益综合司法保护案

（检例第174号）

【关键词】

未成年人网络服务　支持起诉　行政公益诉讼　社会治理

【要旨】

未成年人未经父母或者其他监护人同意，因网络高额消费行为引发纠纷提起民事诉讼并向检察机关申请支持起诉的，检察机关应当坚持未成年人特殊、优先保护要求，对确有必要的，可以依法支持起诉。检察机关应当结合办案，综合运用社会治理检察建议、行政公益诉讼诉前检察建议等监督方式，督促、推动网络服务提供者、相关行政主管部门细化落实未成年人网络保护责任。

【基本案情】

原告程某1，女，2005年9月出生，在校学生。

法定代理人程某，男，系程某1父亲。

法定代理人徐某，女，系程某1母亲。

被告某某网络科技有限公司（以下简称某公司）。

2020年7月，程某1在父母不知情的情况下，下载某公司开发运营的一款网络游戏社交应用软件（APP），并注册成为其用户，后又升级至可以进行高额消费的高级别用户。至2021年2月，程某1在该APP上频繁购买虚拟币、打赏主播，累计消费217000余元。程某1的法定代理人程某、徐某，对程某1登录该APP并进行高额消费的行为不予追认。

【检察机关履职过程】

（一）支持起诉

2021年2月，程某1的父亲程某发现女儿的网络高额消费行为，与某公司多次协调未果后向多个相关部门求助，但问题未得到解决。程某通过电话向某某市人民检察院与共青团某某市委员会共建的“某某市未成年人权益保护监督平台”寻求帮助，该平台将线索移至公司注册地某区人民检察院。检察机关受理后，立即向程某了解详细情况。经调查核实，该APP虽然在用户协议中载明“不满18周岁不得自行注册登录”，但对用户身份审核不严，导致程某1注册为能够进行高额消费的用户。检察机关向程某1及其法定代理人解释民法典、未成年人保护法和相关规定，并建议程某1及其法定代理人向人民法院提起民事诉讼。

2021年3月，程某1及其法定代理人向某区人民法院提起民事诉讼，要求确认程某1与某公司的网络服务合同无效，某公司全额返还消费款。同时，程某1及其法定代理人向检察机关申请支持起诉。检察机关审查认为：程某1系限制民事行为能力人，未经监护人同意实施与其年龄、智力不相符合的高额网络消费行为，其法定代理人亦明确表示对该行为不予追认，程某1实施的消费行为无效，程某1及其法定代理人要求网络服务提供者返还钱款符合法律规定。本案系未成年人涉网络案件，相较于应对该类问题经验丰富的某公司，程某1及其法定代理人在网络证据收集、网络专业知识等方面均处于弱势，其曾采取多种形式维权，但未取得实际效果，检察机关有必要通过支持起诉的方式，帮助程某1依法维护权益。检察机关指导程某1的法定代理人收集、梳理证据，固定程某1在该APP上的聊天、充值记录，对注册登录过程、使用及消费情况进行公证。同年5月，某区人民法院开庭审理此案，检察机关派员出庭，并结合指导程某1收集的证据发表支持起诉意见，某公司表示认可。检察机关积极配合人民法院开展诉讼调解工作，原、被告自愿达成调解协议并经法庭确认，某公司全额返还程某1消费款项。同时，针对程某1父母疏于对女儿心理状况的关心，忽视对其网络行为监管等问题，检察机关要求程某 1 父母切实履行监护责任，加强对程某 1 关心关爱，引导和监督其安全、合理使用网络。

（二）制发检察建议

在支持起诉过程中，检察机关通过大数据摸排、实地走访行政主管部门、人民法院发现，相关部门受理了大量与涉案 APP 有关的未成年人网络消费投诉和立案申请，本案具有一定普遍性。该 APP 兼具网络游戏和社交功能，属于网络服务新业态，作为该领域知名企业之一的某公司，没有完全落实未成年人保护相关法律、行政法规规定的法律责任。针对该 APP 用户超出本区管辖范围的情况，某区人民检察院及时报告，在某某市人民检察院指导下，于 2021 年 5 月向某公司制发检察建议，要求其全面落实未成年人网络保护主体责任，按照未成年人保护法有关要求优化产品功能、强化内容管理，完善未成年用户识别认证和保护措施。该公司成立专项整改小组，推出完善平台实名制认证规则、提高平台监管能力、增设未成年人申诉维权通道、升级风险防控措施、完善未成年人个人信息保护制度等 6 个方面的 12 项整改措施。

（三）开展行政公益诉讼

结合本案及多起与该 APP 有关的涉未成年人网络服务案件，检察机关发现，相关行政主管部门对网络服务新业态的监管不到位，存在侵害不特定未成年网络消费者合法权益的隐患。2021 年 6 月，某区人民检察院向某区文化和旅游局执法大队制发行政公益诉讼诉前检察建议，要求对某公司的整改情况进行跟踪评估，并加强本区互联网企业监管，督促网络服务提供者严格落实未成年人网络保护法律规定和网络保护措施。执法大队完全采纳检察建议，对该公司进行约谈，并以新修订的未成年人保护法正式施行为契机，组织相关网络服务提供者开展网络“护苗行动”。

（四）形成网络保护合力

检察机关立足法律监督职能，邀请某某市网络游戏行业协会、某区相关行政主管部门，对某公司落实检察建议内容、完善网络服务规则和设定相应技术标准、构建“网游 + 社交”新业态未成年人保护标准等方面进行跟踪评估。为进一步净化未成年人网络环境，某某市人民检察院组织全市检察机关开展“未成年人网络保护”专项监督，主动会商该市网络和信息管理办公室，联合该市网络游戏行业协会及某公司等 30 余家知名网络游戏企业发起《某某市网络游戏行业未成年人保护倡议》，明确技术标准、增设智能筛查和人工审核措施，严格落实未成年人网络防沉迷、消费保护措施，强化未成年人网络游戏真实身份认证，促进建立政府监管、行业自治、企业自律、法律监督的未成年人网络保护“四责协同”机制。检察机关还联合相关部门举办“未成年人网络文明主题宣传”“清朗 e 企来”等活动，通过座谈交流、在线直播、拍摄公益宣传片等方式，向全社会开展以案释法，促进提升未成年人网络保护意识。

【指导意义】

依法能动履行支持起诉职能，保障未成年人民事权益。未成年人保护法明确规定，人民检察院可以通过督促、支持起诉的方式，维护未成年人合法权益。未成年人及其法定代理人因网络服务合同纠纷提出支持起诉申请的，检察机关应当坚持未成年人特殊、优先保护要求，对支持起诉必要性进行审查。对于网络服务提供者未落实未成年人网络保护责任，当事人申请符合法律规定，但存在诉讼能力较弱，采取其他方式不足以实现权利救济等情形的典型案件，检察机关可以依法支持起诉。检察机关可以通过法律释明引导、协助当事人收集证据，制发《支持起诉意见书》，还可以派员出席法庭，发表支持起诉意见，更有力维护未成年人合法权益。同时，检察机关可以结合案件办理开展以案释法宣传，为同类案件处理提供指引，提高当事人依法维权能力。

以司法保护推动网络空间源头治理，增强未成年人网络保护合力。检察机关针对行政机关履行未成年人网络保护监管职责不到位的情况，可以加强磋商联动，以行政公益诉讼促进未成年人网络保护行政监管落地落实。发现有的互联网平台存在未成年人权益保护措施缺失、违法犯罪隐患等问题的，要依法审慎选择履职方式，充分运用检察建议督促企业依法经营，主动落实未成年人网络保护主体责任。检察机关可以加强与相关行政主管部门、行业协会的联动，将个案办理与类案监督、社会治理相结合，推动未成年人网络保护多方协同、齐抓共管。

【相关规定】

《中华人民共和国民法典》(2021 施行)第一百四十五条、第一百五十七条

《中华人民共和国民事诉讼法》(2021 修正)第十五条

《中华人民共和国未成年人保护法》(2020 修订)第六十六条、第七十四条、第七十五条、第七十八条、第一百零六条

《中华人民共和国治安管理处罚法》

治安管理处罚法

规范扰乱公共秩序等行为处罚标准，明确未成年人从轻处理原则，高空抛物等案例体现执法温度。

第一部分　法律概述

(2005年8月28日第十届全国人民代表大会常务委员会第十七次会议通过　根据2012年10月26日第十一届全国人民代表大会常务委员会第二十九次会议《关于修改〈中华人民共和国治安管理处罚法〉的决定》修正)

社会治安是国家治理的基石,而《中华人民共和国治安管理处罚法》(以下简称治安管理处罚法)作为我国维护公共秩序、保障公民权利的重要法律,自2006年施行以来,在规范社会行为、预防和惩治违法行为方面发挥了不可替代的作用。

一、立法背景与时代意义

法律的诞生总是与特定历史阶段的社会需求紧密相连。治安管理处罚法的前身可追溯至1957年通过的《中华人民共和国治安管理处罚条例》,该条例适应了中华人民共和国成立初期的社会管理需要,但其内容较为简单,处罚手段有限。随着改革开放的深入,经济社会的快速发展带来了新的治安挑战,如流动人口管理、公共场所秩序维护、新型违法行为界定等问题日益突出。1986年修订的《中华人民共和国治安管理处罚条例》虽有所完善,但仍难以适应快速变化的社会现实。

2005年,十届全国人大常委会第十七次会议审议通过了《中华人民共和国治安管理处罚法》,并于2006年3月1日正式施行。这部法律的出台,标志着我国治安管理立法进入新阶段。它不仅提升了法律位阶(从“条例”升格为“法律”),还在处罚种类、程序规范、权利保障等方面进行了全面优化,体现了现代法治社会对“规范公权、保障私权”的基本要求。

该法的立法意义主要体现在以下方面。一是完善法律体系:作为行政处罚领域的重要法律,它与刑法、行政处罚法等共同构建了我国违法行为的惩处体系。二是规范执法行为:明确公安机关的处罚权限和程序,防止滥用职权,确保执法公正。三是保障公民权利:确立处罚与教育相结合的原则,赋予当事人申辩、听证等程序性权利。四是适应社会需求:针对网络犯罪、群体性事件等新问题,提供法律规制依据。

二、修订历程与法律演进

治安管理处罚法的制定并非一蹴而就,而是经历了长期的法律实践与调整,其发展历程大致可分为3个阶段。

(一)初创阶段(1957条例)

1957年《中华人民共和国治安管理处罚条例》是我国首部系统规范治安管理的法规,

共 34 条，主要规定了警告、罚款、拘留等 3 种处罚方式。该条例适应了计划经济时代的社会管理需求，但受限于历史条件，其内容较为粗疏，程序规定也不够完善。

（二）调整阶段（1986 修订）

1986 年修订后的《中华人民共和国治安管理处罚条例》扩充至 45 条，增加了对违反交通管理、公共场所秩序等行为的处罚规定，并初步建立了申诉制度。然而，随着市场经济的发展，该条例在处罚种类、程序规范等方面仍显不足，难以应对日益复杂的治安形势。

（三）完善阶段（2005 法律）

2005 年，治安管理处罚法正式出台，条文增至 119 条，并采用“法律”而非“条例”的形式，提升了立法层级。此次修订的主要亮点包括：一是丰富了处罚手段，如新增吊销许可证、限期出境等处罚方式；二是细化了程序规定，如设立“处罚程序”专章，规范调查、决定、执行等环节；三是强化了权利保障，即明确告知义务、听证程序等，确保当事人合法权益。

此后，2012 年对该法进行了局部修正，主要涉及强制措施适用条件的完善。未来，随着社会的发展，该法可能进一步调整，以适应网络犯罪、数据安全等新兴领域的治理需求。

三、法律适用中的关键问题与未来展望

在治安管理处罚法的具体适用过程中，存在着若干关键性问题需要特别关注。首先，是与刑法的衔接适用问题。这两部法律共同构成了我国违法行为的惩处体系，其界限主要取决于违法行为的社会危害程度。以盗窃行为为例，若涉案金额较小则适用治安处罚，达到刑事立案标准则构成犯罪。这种衔接机制要求执法人员在办案过程中准确把握量罚标准，既要避免“以罚代刑”的降格处理，也要防止“以刑代罚”的过度追责。其次，是与行政处罚法的关系处理。作为特别法，治安管理处罚法在处罚程序、种类等方面有特别规定的，应当优先适用；对于未明确规定的事项，如听证程序的具体实施等，则需要参照行政处罚法的一般规定执行。这种法律适用规则既保证了治安管理处罚的特殊性，又确保了法律体系的统一性。

随着社会治理现代化的深入推进，治安管理处罚法将继续在维护社会秩序与保障公民权利之间寻求动态平衡。一方面，要通过适时修法回应社会关切。另一方面，要坚持法治原则，确保每一项处罚决定都经得起法律和历史的检验。这部法律的未来发展，必将为推进国家治理体系和治理能力现代化提供更加有力的法治保障。

治安管理处罚法是我国社会治理的重要工具，既赋予公安机关必要的执法权，又通过严格的程序规定约束权力行使。未来，该法将继续在维护社会秩序与保障公民权利之间寻求平衡，为构建和谐社会提供坚实的法律保障。

第二部分　法条摘编

第一章　总　则

第一条　为维护社会治安秩序，保障公共安全，保护公民、法人和其他组织的合法权益，规范和保障公安机关及其人民警察依法履行治安管理职责，制定本法。

第二条　扰乱公共秩序，妨害公共安全，侵犯人身权利、财产权利，妨害社会管理，具有社会危害性，依照《中华人民共和国刑法》的规定构成犯罪的，依法追究刑事责任；尚不够刑事处罚的，由公安机关依照本法给予治安管理处罚。

第三条　治安管理处罚的程序，适用本法的规定；本法没有规定的，适用《中华人民共和国行政处罚法》的有关规定。

第四条　在中华人民共和国领域内发生的违反治安管理行为，除法律有特别规定的外，适用本法。

在中华人民共和国船舶和航空器内发生的违反治安管理行为，除法律有特别规定的外，适用本法。

第五条　治安管理处罚必须以事实为依据，与违反治安管理行为的性质、情节以及社会危害程度相当。

实施治安管理处罚，应当公开、公正，尊重和保障人权，保护公民的人格尊严。

办理治安案件应当坚持教育与处罚相结合的原则。

第六条　各级人民政府应当加强社会治安综合治理，采取有效措施，化解社会矛盾，增进社会和谐，维护社会稳定。

第七条　国务院公安部门负责全国的治安管理工作。县级以上地方各级人民政府公安机关负责本行政区域内的治安管理工作。

治安案件的管辖由国务院公安部门规定。

第八条　违反治安管理的行为对他人造成损害的，行为人或者其监护人应当依法承担民事责任。

第九条　对于因民间纠纷引起的打架斗殴或者损毁他人财物等违反治安管理行为，情节较轻的，公安机关可以调解处理。经公安机关调解，当事人达成协议的，不予处罚。经调解未达成协议或者达成协议后不履行的，公安机关应当依照本法的规定对违反治安管理行为人给予处罚，并告知当事人可以就民事争议依法向人民法院提起民事诉讼。

第二章　处罚的种类和适用

第十条　治安管理处罚的种类分为：

（一）警告；

（二）罚款；

（三）行政拘留；

（四）吊销公安机关发放的许可证。

对违反治安管理的外国人，可以附加适用限期出境或者驱逐出境。

第十一条 办理治安案件所查获的毒品、淫秽物品等违禁品，赌具、赌资，吸食、注射毒品的用具以及直接用于实施违反治安管理行为的本人所有的工具，应当收缴，按照规定处理。

违反治安管理所得的财物，追缴退还被侵害人；没有被侵害人的，登记造册，公开拍卖或者按照国家有关规定处理，所得款项上缴国库。

第十二条 已满十四周岁不满十八周岁的人违反治安管理的，从轻或者减轻处罚；不满十四周岁的人违反治安管理的，不予处罚，但是应当责令其监护人严加管教。

第十三条 精神病人在不能辨认或者不能控制自己行为的时候违反治安管理的，不予处罚，但是应当责令其监护人严加看管和治疗。间歇性的精神病人在精神正常的时候违反治安管理的，应当给予处罚。

第十四条 盲人或者又聋又哑的人违反治安管理的，可以从轻、减轻或者不予处罚。

第十五条 醉酒的人违反治安管理的，应当给予处罚。

醉酒的人在醉酒状态中，对本人有危险或者对他人的人身、财产或者公共安全有威胁的，应当对其采取保护性措施约束至酒醒。

第十六条 有两种以上违反治安管理行为的，分别决定，合并执行。行政拘留处罚合并执行的，最长不超过二十日。

第十七条 共同违反治安管理的，根据违反治安管理行为人在违反治安管理行为中所起的作用，分别处罚。

教唆、胁迫、诱骗他人违反治安管理的，按照其教唆、胁迫、诱骗的行为处罚。

第十八条 单位违反治安管理的，对其直接负责的主管人员和其他直接责任人员依照本法的规定处罚。其他法律、行政法规对同一行为规定给予单位处罚的，依照其规定处罚。

第十九条 违反治安管理有下列情形之一的，减轻处罚或者不予处罚：

（一）情节特别轻微的；

（二）主动消除或者减轻违法后果，并取得被侵害人谅解的；

（三）出于他人胁迫或者诱骗的；

（四）主动投案，向公安机关如实陈述自己的违法行为的；

（五）有立功表现的。

第二十条 违反治安管理有下列情形之一的，从重处罚：

（一）有较严重后果的；

（二）教唆、胁迫、诱骗他人违反治安管理的；

（三）对报案人、控告人、举报人、证人打击报复的；

（四）六个月内曾受过治安管理处罚的。

第二十一条 违反治安管理行为人有下列情形之一，依照本法应当给予行政拘留处罚的，不执行行政拘留处罚：

(一)已满十四周岁不满十六周岁的;

(二)已满十六周岁不满十八周岁,初次违反治安管理的;

(三)七十周岁以上的;

(四)怀孕或者哺乳自己不满一周岁婴儿的。

第二十二条 违反治安管理行为在六个月内没有被公安机关发现的,不再处罚。

前款规定的期限,从违反治安管理行为发生之日起计算;违反治安管理行为有连续或者继续状态的,从行为终了之日起计算。

第三章 违反治安管理的行为和处罚

第一节 扰乱公共秩序的行为和处罚

第二十三条 有下列行为之一的,处警告或者二百元以下罚款;情节较重的,处五日以上十日以下拘留,可以并处五百元以下罚款:

(一)扰乱机关、团体、企业、事业单位秩序,致使工作、生产、营业、医疗、教学、科研不能正常进行,尚未造成严重损失的;

(二)扰乱车站、港口、码头、机场、商场、公园、展览馆或者其他公共场所秩序的;

(三)扰乱公共汽车、电车、火车、船舶、航空器或者其他公共交通工具上的秩序的;

(四)非法拦截或者强登、扒乘机动车、船舶、航空器以及其他交通工具,影响交通工具正常行驶的;

(五)破坏依法进行的选举秩序的。

聚众实施前款行为的,对首要分子处十日以上十五日以下拘留,可以并处一千元以下罚款。

第二十四条 有下列行为之一,扰乱文化、体育等大型群众性活动秩序的,处警告或者二百元以下罚款;情节严重的,处五日以上十日以下拘留,可以并处五百元以下罚款:

(一)强行进入场内的;

(二)违反规定,在场内燃放烟花爆竹或者其他物品的;

(三)展示侮辱性标语、条幅等物品的;

(四)围攻裁判员、运动员或者其他工作人员的;

(五)向场内投掷杂物,不听制止的;

(六)扰乱大型群众性活动秩序的其他行为。

因扰乱体育比赛秩序被处以拘留处罚的,可以同时责令其十二个月内不得进入体育场馆观看同类比赛;违反规定进入体育场馆的,强行带离现场。

第二十五条 有下列行为之一的,处五日以上十日以下拘留,可以并处五百元以下罚款;情节较轻的,处五日以下拘留或者五百元以下罚款:

(一)散布谣言,谎报险情、疫情、警情或者以其他方法故意扰乱公共秩序的;

(二)投放虚假的爆炸性、毒害性、放射性、腐蚀性物质或者传染病病原体等危险物质扰乱公共秩序的;

(三)扬言实施放火、爆炸、投放危险物质扰乱公共秩序的。

第二十六条 有下列行为之一的，处五日以上十日以下拘留，可以并处五百元以下罚款；情节较重的，处十日以上十五日以下拘留，可以并处一千元以下罚款：

（一）结伙斗殴的；

（二）追逐、拦截他人的；

（三）强拿硬要或者任意损毁、占用公私财物的；

（四）其他寻衅滋事行为。

第二十七条 有下列行为之一的，处十日以上十五日以下拘留，可以并处一千元以下罚款；情节较轻的，处五日以上十日以下拘留，可以并处五百元以下罚款：

（一）组织、教唆、胁迫、诱骗、煽动他人从事邪教、会道门活动或者利用邪教、会道门、迷信活动，扰乱社会秩序、损害他人身体健康的；

（二）冒用宗教、气功名义进行扰乱社会秩序、损害他人身体健康活动的。

第二十八条 违反国家规定，故意干扰无线电业务正常进行的，或者对正常运行的无线电台（站）产生有害干扰，经有关主管部门指出后，拒不采取有效措施消除的，处五日以上十日以下拘留；情节严重的，处十日以上十五日以下拘留。

第二十九条 有下列行为之一的，处五日以下拘留；情节较重的，处五日以上十日以下拘留：

（一）违反国家规定，侵入计算机信息系统，造成危害的；

（二）违反国家规定，对计算机信息系统功能进行删除、修改、增加、干扰，造成计算机信息系统不能正常运行的；

（三）违反国家规定，对计算机信息系统中存储、处理、传输的数据和应用程序进行删除、修改、增加的；

（四）故意制作、传播计算机病毒等破坏性程序，影响计算机信息系统正常运行的。

第二节　妨害公共安全的行为和处罚

第三十条 违反国家规定，制造、买卖、储存、运输、邮寄、携带、使用、提供、处置爆炸性、毒害性、放射性、腐蚀性物质或者传染病病原体等危险物质的，处十日以上十五日以下拘留；情节较轻的，处五日以上十日以下拘留。

第三十一条 爆炸性、毒害性、放射性、腐蚀性物质或者传染病病原体等危险物质被盗、被抢或者丢失，未按规定报告的，处五日以下拘留；故意隐瞒不报的，处五日以上十日以下拘留。

第三十二条 非法携带枪支、弹药或者弩、匕首等国家规定的管制器具的，处五日以下拘留，可以并处五百元以下罚款；情节较轻的，处警告或者二百元以下罚款。

非法携带枪支、弹药或者弩、匕首等国家规定的管制器具进入公共场所或者公共交通工具的，处五日以上十日以下拘留，可以并处五百元以下罚款。

第三十三条 有下列行为之一的，处十日以上十五日以下拘留：

（一）盗窃、损毁油气管道设施、电力电信设施、广播电视设施、水利防汛工程设施或者水文监测、测量、气象测报、环境监测、地质监测、地震监测等公共设施的；

（二）移动、损毁国家边境的界碑、界桩以及其他边境标志、边境设施或者领土、领海标志设施的；

(三)非法进行影响国(边)界线走向的活动或者修建有碍国(边)境管理的设施的。

第三十四条 盗窃、损坏、擅自移动使用中的航空设施，或者强行进入航空器驾驶舱的，处十日以上十五日以下拘留。

在使用中的航空器上使用可能影响导航系统正常功能的器具、工具，不听劝阻的，处五日以下拘留或者五百元以下罚款。

第三十五条 有下列行为之一的，处五日以上十日以下拘留，可以并处五百元以下罚款；情节较轻的，处五日以下拘留或者五百元以下罚款：

(一)盗窃、损毁或者擅自移动铁路设施、设备、机车车辆配件或者安全标志的；

(二)在铁路线路上放置障碍物，或者故意向列车投掷物品的；

(三)在铁路线路、桥梁、涵洞处挖掘坑穴、采石取沙的；

(四)在铁路线路上私设道口或者平交过道的。

第三十六条 擅自进入铁路防护网或者火车来临时在铁路线路上行走坐卧、抢越铁路，影响行车安全的，处警告或者二百元以下罚款。

第三十七条 有下列行为之一的，处五日以下拘留或者五百元以下罚款；情节严重的，处五日以上十日以下拘留，可以并处五百元以下罚款：

(一)未经批准，安装、使用电网的，或者安装、使用电网不符合安全规定的；

(二)在车辆、行人通行的地方施工，对沟井坎穴不设覆盖物、防围和警示标志的，或者故意损毁、移动覆盖物、防围和警示标志的；

(三)盗窃、损毁路面井盖、照明等公共设施的。

第三十八条 举办文化、体育等大型群众性活动，违反有关规定，有发生安全事故危险的，责令停止活动，立即疏散；对组织者处五日以上十日以下拘留，并处二百元以上五百元以下罚款；情节较轻的，处五日以下拘留或者五百元以下罚款。

第三十九条 旅馆、饭店、影剧院、娱乐场、运动场、展览馆或者其他供社会公众活动的场所的经营管理人员，违反安全规定，致使该场所有发生安全事故危险，经公安机关责令改正，拒不改正的，处五日以下拘留。

第三节 侵犯人身权利、财产权利的行为和处罚

第四十条 有下列行为之一的，处十日以上十五日以下拘留，并处五百元以上一千元以下罚款；情节较轻的，处五日以上十日以下拘留，并处二百元以上五百元以下罚款：

(一)组织、胁迫、诱骗不满十六周岁的人或者残疾人进行恐怖、残忍表演的；

(二)以暴力、威胁或者其他手段强迫他人劳动的；

(三)非法限制他人人身自由、非法侵入他人住宅或者非法搜查他人身体的。

第四十一条 胁迫、诱骗或者利用他人乞讨的，处十日以上十五日以下拘留，可以并处一千元以下罚款。

反复纠缠、强行讨要或者以其他滋扰他人的方式乞讨的，处五日以下拘留或者警告。

第四十二条 有下列行为之一的，处五日以下拘留或者五百元以下罚款；情节较重的，处五日以上十日以下拘留，可以并处五百元以下罚款：

（一）写恐吓信或者以其他方法威胁他人人身安全的；

（二）公然侮辱他人或者捏造事实诽谤他人的；

（三）捏造事实诬告陷害他人，企图使他人受到刑事追究或者受到治安管理处罚的；

（四）对证人及其近亲属进行威胁、侮辱、殴打或者打击报复的；

（五）多次发送淫秽、侮辱、恐吓或者其他信息，干扰他人正常生活的；

（六）偷窥、偷拍、窃听、散布他人隐私的。

第四十三条 殴打他人的，或者故意伤害他人身体的，处五日以上十日以下拘留，并处二百元以上五百元以下罚款；情节较轻的，处五日以下拘留或者五百元以下罚款。

有下列情形之一的，处十日以上十五日以下拘留，并处五百元以上一千元以下罚款：

（一）结伙殴打、伤害他人的；

（二）殴打、伤害残疾人、孕妇、不满十四周岁的人或者六十周岁以上的人的；

（三）多次殴打、伤害他人或者一次殴打、伤害多人的。

第四十四条 猥亵他人的，或者在公共场所故意裸露身体，情节恶劣的，处五日以上十日以下拘留；猥亵智力残疾人、精神病人、不满十四周岁的人或者有其他严重情节的，处十日以上十五日以下拘留。

第四十五条 有下列行为之一的，处五日以下拘留或者警告：

（一）虐待家庭成员，被虐待人要求处理的；

（二）遗弃没有独立生活能力的被扶养人的。

第四十六条 强买强卖商品，强迫他人提供服务或者强迫他人接受服务的，处五日以上十日以下拘留，并处二百元以上五百元以下罚款；情节较轻的，处五日以下拘留或者五百元以下罚款。

第四十七条 煽动民族仇恨、民族歧视，或者在出版物、计算机信息网络中刊载民族歧视、侮辱内容的，处十日以上十五日以下拘留，可以并处一千元以下罚款。

第四十八条 冒领、隐匿、毁弃、私自开拆或者非法检查他人邮件的，处五日以下拘留或者五百元以下罚款。

第四十九条 盗窃、诈骗、哄抢、抢夺、敲诈勒索或者故意损毁公私财物的，处五日以上十日以下拘留，可以并处五百元以下罚款；情节较重的，处十日以上十五日以下拘留，可以并处一千元以下罚款。

第四节 妨害社会管理的行为和处罚

第五十条 有下列行为之一的，处警告或者二百元以下罚款；情节严重的，处五日以上十日以下拘留，可以并处五百元以下罚款：

（一）拒不执行人民政府在紧急状态情况下依法发布的决定、命令的；

（二）阻碍国家机关工作人员依法执行职务的；

（三）阻碍执行紧急任务的消防车、救护车、工程抢险车、警车等车辆通行的；

（四）强行冲闯公安机关设置的警戒带、警戒区的。

阻碍人民警察依法执行职务的，从重处罚。

第五十一条 冒充国家机关工作人员或者以其他虚假身份招摇撞骗的，处五日以上十日以下拘留，可以并处五百元以下罚款；情节较轻的，处五日以下拘留或者五百元以下罚款。

冒充军警人员招摇撞骗的，从重处罚。

第五十二条 有下列行为之一的，处十日以上十五日以下拘留，可以并处一千元以下罚款；情节较轻的，处五日以上十日以下拘留，可以并处五百元以下罚款：

（一）伪造、变造或者买卖国家机关、人民团体、企业、事业单位或者其他组织的公文、证件、证明文件、印章的；

（二）买卖或者使用伪造、变造的国家机关、人民团体、企业、事业单位或者其他组织的公文、证件、证明文件的；

（三）伪造、变造、倒卖车票、船票、航空客票、文艺演出票、体育比赛入场券或者其他有价票证、凭证的；

（四）伪造、变造船舶户牌，买卖或者使用伪造、变造的船舶户牌，或者涂改船舶发动机号码的。

第五十三条 船舶擅自进入、停靠国家禁止、限制进入的水域或者岛屿的，对船舶负责人及有关责任人员处五百元以上一千元以下罚款；情节严重的，处五日以下拘留，并处五百元以上一千元以下罚款。

第五十四条 有下列行为之一的，处十日以上十五日以下拘留，并处五百元以上一千元以下罚款；情节较轻的，处五日以下拘留或者五百元以下罚款：

（一）违反国家规定，未经注册登记，以社会团体名义进行活动，被取缔后，仍进行活动的；

（二）被依法撤销登记的社会团体，仍以社会团体名义进行活动的；

（三）未经许可，擅自经营按照国家规定需要由公安机关许可的行业的。

有前款第三项行为的，予以取缔。

取得公安机关许可的经营者，违反国家有关管理规定，情节严重的，公安机关可以吊销许可证。

第五十五条 煽动、策划非法集会、游行、示威，不听劝阻的，处十日以上十五日以下拘留。

第五十六条 旅馆业的工作人员对住宿的旅客不按规定登记姓名、身份证件种类和号码的，或者明知住宿的旅客将危险物质带入旅馆，不予制止的，处二百元以上五百元以下罚款。

旅馆业的工作人员明知住宿的旅客是犯罪嫌疑人员或者被公安机关通缉的人员，不向公安机关报告的，处二百元以上五百元以下罚款；情节严重的，处五日以下拘留，可以并处五百元以下罚款。

第五十七条 房屋出租人将房屋出租给无身份证件的人居住的，或者不按规定登记承租人姓名、身份证件种类和号码的，处二百元以上五百元以下罚款。

房屋出租人明知承租人利用出租房屋进行犯罪活动，不向公安机关报告的，处二百元以上五百元以下罚款；情节严重的，处五日以下拘留，可以并处五百元以下罚款。

第五十八条 违反关于社会生活噪声污染防治的法律规定，制造噪声干扰他人正常生活的，处警告；警告后不改正的，处二百元以上五百元以下罚款。

第五十九条 有下列行为之一的，处五百元以上一千元以下罚款；情节严重的，处五日以上十日以下拘留，并处五百元以上一千元以下罚款：

（一）典当业工作人员承接典当的物品，不查验有关证明、不履行登记手续，或者明知是违法犯罪嫌疑人、赃物，不向公安机关报告的；

（二）违反国家规定，收购铁路、油田、供电、电信、矿山、水利、测量和城市公用设施等废旧专用器材的；

（三）收购公安机关通报寻查的赃物或者有赃物嫌疑的物品的；

（四）收购国家禁止收购的其他物品的。

第六十条 有下列行为之一的，处五日以上十日以下拘留，并处二百元以上五百元以下罚款：

（一）隐藏、转移、变卖或者损毁行政执法机关依法扣押、查封、冻结的财物的；

（二）伪造、隐匿、毁灭证据或者提供虚假证言、谎报案情，影响行政执法机关依法办案的；

（三）明知是赃物而窝藏、转移或者代为销售的；

（四）被依法执行管制、剥夺政治权利或者在缓刑、暂予监外执行中的罪犯或者被依法采取刑事强制措施的人，有违反法律、行政法规或者国务院有关部门的监督管理规定的行为。

第六十一条 协助组织或者运送他人偷越国（边）境的，处十日以上十五日以下拘留，并处一千元以上五千元以下罚款。

第六十二条 为偷越国（边）境人员提供条件的，处五日以上十日以下拘留，并处五百元以上二千元以下罚款。

偷越国（边）境的，处五日以下拘留或者五百元以下罚款。

第六十三条 有下列行为之一的，处警告或者二百元以下罚款；情节较重的，处五日以上十日以下拘留，并处二百元以上五百元以下罚款：

（一）刻划、涂污或者以其他方式故意损坏国家保护的文物、名胜古迹的；

（二）违反国家规定，在文物保护单位附近进行爆破、挖掘等活动，危及文物安全的。

第六十四条 有下列行为之一的，处五百元以上一千元以下罚款；情节严重的，处十日以上十五日以下拘留，并处五百元以上一千元以下罚款：

（一）偷开他人机动车的；

（二）未取得驾驶证驾驶或者偷开他人航空器、机动船舶的。

第六十五条 有下列行为之一的，处五日以上十日以下拘留；情节严重的，处十日以上十五日以下拘留，可以并处一千元以下罚款：

（一）故意破坏、污损他人坟墓或者毁坏、丢弃他人尸骨、骨灰的；

（二）在公共场所停放尸体或者因停放尸体影响他人正常生活、工作秩序，不听劝阻的。

第六十六条 卖淫、嫖娼的，处十日以上十五日以下拘留，可以并处五千元以下罚款；情节较轻的，处五日以下拘留或者五百元以下罚款。

在公共场所拉客招嫖的，处五日以下拘留或者五百元以下罚款。

第六十七条 引诱、容留、介绍他人卖淫的，处十日以上十五日以下拘留，可以并处五千元以下罚款；情节较轻的，处五日以下拘留或者五百元以下罚款。

第六十八条 制作、运输、复制、出售、出租淫秽的书刊、图片、影片、音像制品等淫秽物品或者利用计算机信息网络、电话以及其他通讯工具传播淫秽信息的，处十日以上十五日以下拘留，可以并处三千元以下罚款；情节较轻的，处五日以下拘留或者五百元以下罚款。

第六十九条 有下列行为之一的，处十日以上十五日以下拘留，并处五百元以上一千元以下罚款：

(一)组织播放淫秽音像的；

(二)组织或者进行淫秽表演的；

(三)参与聚众淫乱活动的。

明知他人从事前款活动，为其提供条件的，依照前款的规定处罚。

第七十条 以营利为目的，为赌博提供条件的，或者参与赌博赌资较大的，处五日以下拘留或者五百元以下罚款；情节严重的，处十日以上十五日以下拘留，并处五百元以上三千元以下罚款。

第七十一条 有下列行为之一的，处十日以上十五日以下拘留，可以并处三千元以下罚款；情节较轻的，处五日以下拘留或者五百元以下罚款：

(一)非法种植罂粟不满五百株或者其他少量毒品原植物的；

(二)非法买卖、运输、携带、持有少量未经灭活的罂粟等毒品原植物种子或者幼苗的；

(三)非法运输、买卖、储存、使用少量罂粟壳的。

有前款第一项行为，在成熟前自行铲除的，不予处罚。

第七十二条 有下列行为之一的，处十日以上十五日以下拘留，可以并处二千元以下罚款；情节较轻的，处五日以下拘留或者五百元以下罚款：

(一)非法持有鸦片不满二百克、海洛因或者甲基苯丙胺不满十克或者其他少量毒品的；

(二)向他人提供毒品的；

(三)吸食、注射毒品的；

(四)胁迫、欺骗医务人员开具麻醉药品、精神药品的。

第七十三条 教唆、引诱、欺骗他人吸食、注射毒品的，处十日以上十五日以下拘留，并处五百元以上二千元以下罚款。

第七十四条 旅馆业、饮食服务业、文化娱乐业、出租汽车业等单位的人员，在公安机关查处吸毒、赌博、卖淫、嫖娼活动时，为违法犯罪行为人通风报信的，处十日以上十五日以下拘留。

第七十五条 饲养动物，干扰他人正常生活的，处警告；警告后不改正的，或者放任动物恐吓他人的，处二百元以上五百元以下罚款。

驱使动物伤害他人的，依照本法第四十三条第一款的规定处罚。

第七十六条 有本法第六十七条、第六十八条、第七十条的行为，屡教不改的，可以按照国家规定采取强制性教育措施。

第四章 处罚程序

第一节 调 查

第七十七条 公安机关对报案、控告、举报或者违反治安管理行为人主动投案，以及其他行政主管部门、司法机关移送的违反治安管理案件，应当及时受理，并进行登记。

第七十八条 公安机关受理报案、控告、举报、投案后，认为属于违反治安管理行为的，应当立即进行调查；认为不属于违反治安管理行为的，应当告知报案人、控告人、举报人、投案人，并说明理由。

第七十九条 公安机关及其人民警察对治安案件的调查，应当依法进行。严禁刑讯逼供或者采用威胁、引诱、欺骗等非法手段收集证据。

以非法手段收集的证据不得作为处罚的根据。

第八十条 公安机关及其人民警察在办理治安案件时，对涉及的国家秘密、商业秘密或者个人隐私，应当予以保密。

第八十一条 人民警察在办理治安案件过程中，遇有下列情形之一的，应当回避；违反治安管理行为人、被侵害人或者其法定代理人也有权要求他们回避：

（一）是本案当事人或者当事人的近亲属的；

（二）本人或者其近亲属与本案有利害关系的；

（三）与本案当事人有其他关系，可能影响案件公正处理的。

人民警察的回避，由其所属的公安机关决定；公安机关负责人的回避，由上一级公安机关决定。

第八十二条 需要传唤违反治安管理行为人接受调查的，经公安机关办案部门负责人批准，使用传唤证传唤。对现场发现的违反治安管理行为人，人民警察经出示工作证件，可以口头传唤，但应当在询问笔录中注明。

公安机关应当将传唤的原因和依据告知被传唤人。对无正当理由不接受传唤或者逃避传唤的人，可以强制传唤。

第八十三条 对违反治安管理行为人，公安机关传唤后应当及时询问查证，询问查证的时间不得超过八小时；情况复杂，依照本法规定可能适用行政拘留处罚的，询问查证的时间不得超过二十四小时。

公安机关应当及时将传唤的原因和处所通知被传唤人家属。

第八十四条 询问笔录应当交被询问人核对；对没有阅读能力的，应当向其宣读。记载有遗漏或者差错的，被询问人可以提出补充或者更正。被询问人确认笔录无误后，应当签名或者盖章，询问的人民警察也应当在笔录上签名。

被询问人要求就被询问事项自行提供书面材料的，应当准许；必要时，人民警察也可以要求被询问人自行书写。

询问不满十六周岁的违反治安管理行为人，应当通知其父母或者其他监护人到场。

第八十五条 人民警察询问被侵害人或者其他证人，可以到其所在单位或者住处进行；必要时，也可以通知其到公安机关提供证言。

人民警察在公安机关以外询问被侵害人或者其他证人，应当出示工作证件。

询问被侵害人或者其他证人，同时适用本法第八十四条的规定。

第八十六条 询问聋哑的违反治安管理行为人、被侵害人或者其他证人，应当有通晓手语的人提供帮助，并在笔录上注明。

询问不通晓当地通用的语言文字的违反治安管理行为人、被侵害人或者其他证人，应当配备翻译人员，并在笔录上注明。

第八十七条 公安机关对与违反治安管理行为有关的场所、物品、人身可以进行检查。检查时，人民警察不得少于二人，并应当出示工作证件和县级以上人民政府公安机关开具的检查证明文件。对确有必要立即进行检查的，人民警察经出示工作证件，可以当场检查，但检查公民住所应当出示县级以上人民政府公安机关开具的检查证明文件。

检查妇女的身体，应当由女性工作人员进行。

第八十八条 检查的情况应当制作检查笔录，由检查人、被检查人和见证人签名或者盖章；被检查人拒绝签名的，人民警察应当在笔录上注明。

第八十九条 公安机关办理治安案件，对与案件有关的需要作为证据的物品，可以扣押；对被侵害人或者善意第三人合法占有的财产，不得扣押，应当予以登记。对与案件无关的物品，不得扣押。

对扣押的物品，应当会同在场见证人和被扣押物品持有人查点清楚，当场开列清单一式二份，由调查人员、见证人和持有人签名或者盖章，一份交给持有人，另一份附卷备查。

对扣押的物品，应当妥善保管，不得挪作他用；对不宜长期保存的物品，按照有关规定处理。经查明与案件无关的，应当及时退还；经核实属于他人合法财产的，应当登记后立即退还；满六个月无人对该财产主张权利或者无法查清权利人的，应当公开拍卖或者按照国家有关规定处理，所得款项上缴国库。

第九十条 为了查明案情，需要解决案件中有争议的专门性问题的，应当指派或者聘请具有专门知识的人员进行鉴定；鉴定人鉴定后，应当写出鉴定意见，并且签名。

第二节　决　定

第九十一条 治安管理处罚由县级以上人民政府公安机关决定；其中警告、五百元以下的罚款可以由公安派出所决定。

第九十二条 对决定给予行政拘留处罚的人，在处罚前已经采取强制措施限制人身自由的时间，应当折抵。限制人身自由一日，折抵行政拘留一日。

第九十三条 公安机关查处治安案件，对没有本人陈述，但其他证据能够证明案件事实的，可以作出治安管理处罚决定。但是，只有本人陈述，没有其他证据证明的，不能作出治安管理处罚决定。

第九十四条 公安机关作出治安管理处罚决定前，应当告知违反治安管理行为人作出治安管理处罚的事实、理由及依据，并告知违反治安管理行为人依法享有的权利。

违反治安管理行为人有权陈述和申辩。公安机关必须充分听取违反治安管理行为人的意见，对违反治安管理行为人提出的事实、理由和证据，应当进行复核；违反治安管理行为人提出的事实、理由或者证据成立的，公安机关应当采纳。

公安机关不得因违反治安管理行为人的陈述、申辩而加重处罚。

第九十五条 治安案件调查结束后，公安机关应当根据不同情况，分别作出以下处理：

（一）确有依法应当给予治安管理处罚的违法行为的，根据情节轻重及具体情况，作出处罚决定；

（二）依法不予处罚的，或者违法事实不能成立的，作出不予处罚决定；

（三）违法行为已涉嫌犯罪的，移送主管机关依法追究刑事责任；

（四）发现违反治安管理行为人有其他违法行为的，在对违反治安管理行为作出处罚决定的同时，通知有关行政主管部门处理。

第九十六条 公安机关作出治安管理处罚决定的，应当制作治安管理处罚决定书。决定书应当载明下列内容：

（一）被处罚人的姓名、性别、年龄、身份证件的名称和号码、住址；

（二）违法事实和证据；

（三）处罚的种类和依据；

（四）处罚的执行方式和期限；

（五）对处罚决定不服，申请行政复议、提起行政诉讼的途径和期限；

（六）作出处罚决定的公安机关的名称和作出决定的日期。

决定书应当由作出处罚决定的公安机关加盖印章。

第九十七条 公安机关应当向被处罚人宣告治安管理处罚决定书，并当场交付被处罚人；无法当场向被处罚人宣告的，应当在二日内送达被处罚人。决定给予行政拘留处罚的，应当及时通知被处罚人的家属。

有被侵害人的，公安机关应当将决定书副本抄送被侵害人。

第九十八条 公安机关作出吊销许可证以及处二千元以上罚款的治安管理处罚决定前，应当告知违反治安管理行为人有权要求举行听证；违反治安管理行为人要求听证的，公安机关应当及时依法举行听证。

第九十九条 公安机关办理治安案件的期限，自受理之日起不得超过三十日；案情重大、复杂的，经上一级公安机关批准，可以延长三十日。

为了查明案情进行鉴定的期间，不计入办理治安案件的期限。

第一百条 违反治安管理行为事实清楚，证据确凿，处警告或者二百元以下罚款的，可以当场作出治安管理处罚决定。

第一百零一条 当场作出治安管理处罚决定的，人民警察应当向违反治安管理行为人出示工作证件，并填写处罚决定书。处罚决定书应当当场交付被处罚人；有被侵害人的，并将决定书副本抄送被侵害人。

前款规定的处罚决定书，应当载明被处罚人的姓名、违法行为、处罚依据、罚款数额、时间、地点以及公安机关名称，并由经办的人民警察签名或者盖章。

当场作出治安管理处罚决定的，经办的人民警察应当在二十四小时内报所属公安机关备案。

第一百零二条 被处罚人对治安管理处罚决定不服的，可以依法申请行政复议或者提起行政诉讼。

第三节 执 行

第一百零三条 对被决定给予行政拘留处罚的人，由作出决定的公安机关送达拘留所执行。

第一百零四条 受到罚款处罚的人应当自收到处罚决定书之日起十五日内，到指定的银行缴纳罚款。但是，有下列情形之一的，人民警察可以当场收缴罚款：

（一）被处五十元以下罚款，被处罚人对罚款无异议的；

（二）在边远、水上、交通不便地区，公安机关及其人民警察依照本法的规定作出罚款决定后，被处罚人向指定的银行缴纳罚款确有困难，经被处罚人提出的；

（三）被处罚人在当地没有固定住所，不当场收缴事后难以执行的。

第一百零五条 人民警察当场收缴的罚款，应当自收缴罚款之日起二日内，交至所属的公安机关；在水上、旅客列车上当场收缴的罚款，应当自抵岸或者到站之日起二日内，交至所属的公安机关；公安机关应当自收到罚款之日起二日内将罚款缴付指定的银行。

第一百零六条 人民警察当场收缴罚款的，应当向被处罚人出具省、自治区、直辖市人民政府财政部门统一制发的罚款收据；不出具统一制发的罚款收据的，被处罚人有权拒绝缴纳罚款。

第一百零七条 被处罚人不服行政拘留处罚决定，申请行政复议、提起行政诉讼的，可以向公安机关提出暂缓执行行政拘留的申请。公安机关认为暂缓执行行政拘留不致发生社会危险的，由被处罚人或者其近亲属提出符合本法第一百零八条规定条件的担保人，或者按每日行政拘留二百元的标准交纳保证金，行政拘留的处罚决定暂缓执行。

第一百零八条 担保人应当符合下列条件：

（一）与本案无牵连；

（二）享有政治权利，人身自由未受到限制；

（三）在当地有常住户口和固定住所；

（四）有能力履行担保义务。

第一百零九条 担保人应当保证被担保人不逃避行政拘留处罚的执行。

担保人不履行担保义务，致使被担保人逃避行政拘留处罚的执行的，由公安机关对其处三千元以下罚款。

第一百一十条 被决定给予行政拘留处罚的人交纳保证金，暂缓行政拘留后，逃避行政拘留处罚的执行的，保证金予以没收并上缴国库，已经作出的行政拘留决定仍应执行。

第一百一十一条 行政拘留的处罚决定被撤销，或者行政拘留处罚开始执行的，公安机关收取的保证金应当及时退还交纳人。

第五章 执法监督

第一百一十二条 公安机关及其人民警察应当依法、公正、严格、高效办理治安案件，文明执法，不得徇私舞弊。

第一百一十三条　公安机关及其人民警察办理治安案件，禁止对违反治安管理行为人打骂、虐待或者侮辱。

第一百一十四条　公安机关及其人民警察办理治安案件，应当自觉接受社会和公民的监督。

公安机关及其人民警察办理治安案件，不严格执法或者有违法违纪行为的，任何单位和个人都有权向公安机关或者人民检察院、行政监察机关检举、控告；收到检举、控告的机关，应当依据职责及时处理。

第一百一十五条　公安机关依法实施罚款处罚，应当依照有关法律、行政法规的规定，实行罚款决定与罚款收缴分离；收缴的罚款应当全部上缴国库。

第一百一十六条　人民警察办理治安案件，有下列行为之一的，依法给予行政处分；构成犯罪的，依法追究刑事责任：

（一）刑讯逼供、体罚、虐待、侮辱他人的；

（二）超过询问查证的时间限制人身自由的；

（三）不执行罚款决定与罚款收缴分离制度或者不按规定将罚没的财物上缴国库或者依法处理的；

（四）私分、侵占、挪用、故意损毁收缴、扣押的财物的；

（五）违反规定使用或者不及时返还被侵害人财物的；

（六）违反规定不及时退还保证金的；

（七）利用职务上的便利收受他人财物或者谋取其他利益的；

（八）当场收缴罚款不出具罚款收据或者不如实填写罚款数额的；

（九）接到要求制止违反治安管理行为的报警后，不及时出警的；

（十）在查处违反治安管理活动时，为违法犯罪行为人通风报信的；

（十一）有徇私舞弊、滥用职权，不依法履行法定职责的其他情形的。

办理治安案件的公安机关有前款所列行为的，对直接负责的主管人员和其他直接责任人员给予相应的行政处分。

第一百一十七条　公安机关及其人民警察违法行使职权，侵犯公民、法人和其他组织合法权益的，应当赔礼道歉；造成损害的，应当依法承担赔偿责任。

第六章　附　则

第一百一十八条　本法所称以上、以下、以内，包括本数。

第一百一十九条　本法自 2006 年 3 月 1 日起施行。1986 年 9 月 5 日公布、1994 年 5 月 12 日修订公布的《中华人民共和国治安管理处罚条例》同时废止。

第三部分　案例解析

一、治安管理处罚法的处罚种类及适用案例

案例一　违反治安管理的行为被从重处罚的情况

【法条链接】

《中华人民共和国治安管理处罚法》第二十条　违反治安管理有下列情形之一的，从重处罚：

（一）有较严重后果的；

（二）教唆、胁迫、诱骗他人违反治安管理的；

（三）对报案人、控告人、举报人、证人打击报复的；

（四）六个月内曾受过治安管理处罚的。

【基本案情】

2024 年 3 月 21 日 15 时许，派出所接报警称，某平房有人赌博。民警到达现场检查发现张某、王某、李某、赵某以打麻将的形式进行赌博。经查，谢某为赌博提供了场地、1 张麻将桌、2 副麻将、80 张扑克牌，并收取 40 元台费，张某、王某、李某、赵某以打麻将的形式赌博，以扑克牌当筹码计算输赢，每张扑克牌代表 10 元，四人的赌资分别为 220 元、320 元、450 元、190 元。另查明，谢某于 2023 年 10 月 27 日因为赌博提供条件被治安管理处罚。公安机关依据《中华人民共和国治安管理处罚法》第七十条、第十一条第一款的规定，对张某、王某、李某、赵某的赌博行为分别处 500 元罚款，收缴各自赌资；依据《中华人民共和国治安管理处罚法》第七十条、第十一条、第二十条第四项的规定，对谢某为赌博提供条件的行为处行政拘留 12 日，并处罚款 500 元，收缴赌具，追缴违法所得 40 元。

【案例评析】

《中华人民共和国治安管理处罚法》第二十条规定了 4 种从重处罚的情形，本案涉及第四项“六个月内曾受过治安管理处罚的”。下面对 4 种从重处罚的情形进行一一介绍：

（一）有较严重后果的。“有较严重后果”是指违反治安管理的行为造成了比较严重的现实危害后果，如严重扰乱了社会秩序、严重妨害公共安全、对他人人身财产权利造成严重危害、严重妨害社会管理秩序。违反治安管理造成的后果越是严重，其社会危害性越大，应当予以从重处罚。

（二）教唆、胁迫、诱骗他人违反治安管理的。“教唆他人违反治安管理”，是指唆使、怂恿他人实施违反治安管理的行为；“胁迫他人违反治安管理”，是指对他人进行威胁、恐吓等精神强制，使他人不敢不实施违反治安管理的行为；“诱骗他人违反治安管理”，是指以

隐瞒后果等手段，诱导、欺骗他人实施违反治安管理的行为。教唆、胁迫、诱骗他人违反治安管理的人，不但自己有违反治安管理的故意，而且还采取教唆、胁迫、诱骗等手段，使原本没有违反治安管理故意的人成为危害社会的违法行为人。这些人的主观恶性很大，必须予以从重处罚，从而达到更好的惩戒、教育效果。

（三）对报案人、控告人、举报人、证人打击报复的。本条规定的“报案人”，是指向司法机关报告发现的违法犯罪事实或者违法犯罪嫌疑人的人，也包括违法犯罪行为的被害人；“控告人”，是指被害人及其近亲属或其诉讼代理人，他们对侵害被害人合法权益的违法犯罪行为向司法机关告诉，要求追究侵害人法律责任；“举报人”，是指当事人以外的向司法机关检举、揭发、报告违法犯罪事实或者违法犯罪嫌疑人的其他知情人；“证人”，是指知道案件全部或者部分真实情况，以自己的证言作为证据揭露违法犯罪行为的人。这里规定的“打击报复”的形式是多样的，既包括对报案人、控告人、举报人、证人的人身、财产的损害，也包括对他们精神上的折磨，如进行暴力伤害、利用职权辞退以及当众侮辱等。报案人、控告人、举报人、证人都是在维护自己的合法权利或者利用自己的合法权利揭露违法犯罪。这既是公民的权利，也是公民的责任，有利于打击违法犯罪行为，维护社会的治安秩序。对他们进行打击报复，不仅侵犯了他们合法的人身财产等权利，也妨害了司法机关打击违法犯罪的司法活动，其社会影响很坏，不利于弘扬社会正气，因而必须予以从重处罚。

（四）六个月内曾受过治安管理处罚的。受过治安管理处罚后，六个月内又违反治安管理的，表明其主观恶性明显，屡教不改，应当予以从重处罚。行为人前后违反治安管理的可以是同种违法行为，也可以是不同种违法行为，但是如果行为人之前的违法行为尚未受到过治安管理处罚，则属于合并处罚，不涉及从重处罚的问题。本案中，张某、王某、李某、赵某在谢某提供的场地内进行赌博，未达刑事立案标准，张某、王某、李某、赵某构成《中华人民共和国治安管理处罚法》第七十条规定的赌博，谢某构成该条规定的为赌博提供条件。因谢某六个月内曾因为赌博提供条件受过治安管理处罚，根据《公安机关对部分违反治安管理行为实施处罚的裁量指导意见》第六条：“违反治安管理具有下列情形之一的，属于‘情节较重’‘情节严重’：一年内因同种违法行为被治安管理处罚后又实施的……”，谢某的行为属于为赌博提供条件情节严重，又根据《中华人民共和国治安管理处罚法》第二十条第四项的规定，应当从重处罚。

案例二　未成年人在校期间打架斗殴不构成犯罪的该如何处罚？

【法条链接】

《中华人民共和国治安管理处罚法》第十二条　已满十四周岁不满十八周岁的人违反治安管理的，从轻或者减轻处罚；不满十四周岁的人违反治安管理的，不予处罚，但是应当责令其监护人严加管教。

《中华人民共和国治安管理处罚法》第二十一条　违反治安管理行为人有下列情形之一，依照本法应当给予行政拘留处罚的，不执行行政拘留处罚：

（一）已满十四周岁不满十六周岁的；

（二）已满十六周岁不满十八周岁，初次违反治安管理的；

（三）七十周岁以上的；

（四）怀孕或者哺乳自己不满一周岁婴儿的。

【基本案情】

小周（14周岁）是八年级的学生，日常比较叛逆，学习成绩不是太好。有一次和同班同学小王因为走路碰到了一起，发生了争吵，双方互不相让，打了起来。不久被同学给拉开了，小王心里非常不爽，扬言要教训教训小周。

放学后，小王便叫上了九年级的2个同学（一个15周岁，一个16周岁）来帮其助威。他们三人将小周带到了校内学生厕所后，两位九年级的学生拉住小周的两条胳膊，小王便使劲用脚去踹小周，连踹了有十几脚，边踹还边问服不服。在听到小周服了之后，便停止了殴打。放学后小周回到家，父母发现了儿子被打，追问之下了解了事情的经过，遂选择了报警。

经公安民警调查之后，参与殴打小周的3人均系初犯，并在学校和家长协调无果后，公安民警依据《中华人民共和国治安管理处罚法》给予小王10日拘留不执行并处1000元罚款，给予助威者九年级的2个学生各5日拘留不执行，并处500元罚款。

【案例评析】

首先，关于未成年人的打架斗殴行为不适用刑法相关规定，适用的是《中华人民共和国治安管理处罚法》，主要涉及如下法条：

《中华人民共和国治安管理处罚法》第十二条规定，"已满十四周岁不满十八周岁的人违反治安管理的，从轻或者减轻处罚；不满十四周岁的人违反治安管理的，不予处罚，但是应当责令其监护人严加管教。"14周岁以下的，就是不予处罚，责令严加管教。14周岁以上的就涉及从轻或者减轻处罚。这里不是可以，而是应该（必须），所以在做出处罚决定的时候，一定要明显体现出从轻或减轻处罚。"从轻"处罚好操作，就是在本档内从轻，一般只要不顶格，都好解释；"减轻"，则是在规定的处罚方式和处罚幅度最低限以下适用治安管理处罚。

《中华人民共和国治安管理处罚法》第四十三条规定，"殴打他人的，或者故意伤害他人身体的，处五日以上十日以下拘留，并处二百元以上五百元以下罚款；情节较轻的，处五日以下拘留或者五百元以下罚款。有下列情形之一的，处十日以上十五日以下拘留，并处五百元以上一千元以下罚款：（一）结伙殴打、伤害他人的；（二）殴打、伤害残疾人、孕妇、不满十四周岁的人或者六十周岁以上的人的；（三）多次殴打、伤害他人或者一次殴打、伤害多人的。"第二十一条又规定，"违反治安管理行为人有下列情形之一，依照本法应当给予行政拘留处罚的，不执行行政拘留处罚：（一）已满十四周岁不满十六周岁的；（二）已满十六周岁不满十八周岁，初次违反治安管理的；（三）七十周岁以上的；（四）怀孕或者哺乳自己不满一周岁婴儿的。"根据上述规定，对已满14周岁不满16周岁的未成年人给予行政拘留处罚的直接不执行，对已满16周岁不满18周岁的未成年人，如系初次违反治安管理的，也不实际执行。所以，未成年人打架，如果没有前科的话，一般情况是不执行拘留的。

民事赔偿责任：无民事行为能力人、限制民事行为能力人造成他人损害的，由监护人承担侵权责任。监护人尽到监护职责的，可以减轻其侵权责任。有财产的无民事行为能力人、限制民事行为能力人造成他人损害的，从本人财产中支付赔偿费用；不足部分，由监护人赔偿。

二、扰乱公共秩序的行为和处罚的典型案例

案例一　张某寻求刺激翻越大桥护栏饮酒案

【法条链接】

《中华人民共和国治安管理处罚法》第二十三条　有下列行为之一的，处警告或者二百元以下罚款；情节较重的，处五日以上十日以下拘留，可以并处五百元以下罚款：

（一）扰乱机关、团体、企业、事业单位秩序，致使工作、生产、营业、医疗、教学、科研不能正常进行，尚未造成严重损失的；

（二）扰乱车站、港口、码头、机场、商场、公园、展览馆或者其他公共场所秩序的；

（三）扰乱公共汽车、电车、火车、船舶、航空器或者其他公共交通工具上的秩序的；

（四）非法拦截或者强登、扒乘机动车、船舶、航空器以及其他交通工具，影响交通工具正常行驶的；

（五）破坏依法进行的选举秩序的。

聚众实施前款行为的，对首要分子处十日以上十五日以下拘留，可以并处一千元以下罚款。

【基本案情】

10月27日20时23分，110接报警称“有一男子要跳河，人已站到大桥护栏外了，他正在喝酒，请快来救援”。生命重于泰山，救援刻不容缓！辖区派出所民警火速赶往现场，同时将情况通报119中心、市120中心。民警赶到现场时，张某站在桥中护栏外饮酒，准备跳河，情况十分危急，经民警耐心劝解及安抚，成功将其安全救助到桥面，并送到派出所内安置。经查，张某当天中午与父亲吵架后便独自一人开始饮酒，走路至大桥后便爬到了桥中护栏外。酒醒后的张某称自己没有轻生想法，是饮酒后为寻求心理刺激而假装跳河。公安机关依据《中华人民共和国治安管理处罚法》第二十三条第一款第二项之规定，对违法行为人张某以扰乱公共场所秩序处以行政拘留。

【案例评析】

《中华人民共和国治安管理处罚法》第二十三条第一款第二项明确了扰乱公共场所秩序的行为。

这里的“公共场所”，是指车站、港口、码头、机场、商场、公园、展览馆或者其他公共场所。“其他公共场所”主要是指礼堂、公共食堂、游泳池、浴池、宾馆、饭店等供不特定多数人随时出入、停留、使用的场所。

“扰乱”行为一般有以下几种：在公共场所故意违反公共行为规则，起哄闹事；进行非法游行或者静坐示威，造成交通阻塞，秩序混乱；阻止、抗拒有关工作人员维护公共场所秩序等。

以下情形属于扰乱公共场所秩序“情节较重”：一是以暴力、威胁等方法扰乱公共场

所秩序。二是扰乱公共场所秩序，经执法人员劝阻拒不离开。三是造成多人围观、交通拥堵、人员受伤、财物损失等危害后果或者较大社会影响。四是积极参与聚众扰乱公共场所秩序。五是持械扰乱公共场所秩序。六是虽未采取过激行为，但扰乱公共场所秩序持续时间长或者多次实施。七是其他情节较重情形。

本案中，事发地大桥属于公共场所，来往人流、车流量大，张某饮酒后为寻求心理刺激，爬到大桥中护栏外继续饮酒，并假装跳河，致使多名群众围观，影响公共场所秩序，根据《中华人民共和国治安管理处罚法》第二十三条第一款第二项之规定，其行为属于扰乱公共场所秩序的行为，且情节较重。

案例二　丁某强行冲闯火车站检票口案

【法条链接】

《中华人民共和国治安管理处罚法》第二十三条第一款第二项　扰乱车站、港口、码头、机场、商场、公园、展览馆或者其他公共场所秩序的，处警告或者二百元以下罚款；情节较重的，处五日以上十日以下拘留，可以并处五百元以下罚款。

【基本案情】

2018 年 12 月 6 日，丁某持当日某某南站至某某站列车车票至某某南站候车室，到达检票口时该次列车已停止检票。在铁路工作人员告知列车已停检且应到售票处改签的情况下，丁某不听劝阻强行闯入检票口，在检票通道内对在岗值勤检票员及前来劝阻的铁路工作人员反复纠缠、拉扯。上述行为挤占了进站通道，造成部分旅客未经检票而进站，并引发他人聚集围观，拉扯过程中一名铁路工作人员的手部受伤。某某铁路公安局某某南站派出所接到报警后指派民警到场，传唤丁某到所接受调查。

经调查，某某铁路公安局某某公安处（以下简称某某铁路公安处）于 2018 年 12 月 6 日做出对丁某行政拘留 5 日的行政处罚决定。丁某不服，向某某铁路公安局申请行政复议。某某铁路公安局经复议审查于 2019 年 3 月 29 日做出行政复议决定，维持某某铁路公安处对丁某行政拘留 5 日的处罚决定。丁某起诉至人民法院，请求判令撤销上述行政处罚决定和行政复议决定，某某铁路公安处对其进行行政赔偿。

某某市某区人民法院于 2019 年 7 月 24 日做出行政判决：驳回原告丁某的全部诉讼请求。丁某不服，提起上诉。某某市某某中级人民法院于 2019 年 12 月 13 日做出终审判决：驳回上诉，维持原判。

【案例评析】

本案中，根据铁路公安机关对丁某及相关在场人员的询问笔录、现场监控视频资料等证据材料，可以证明丁某在明知所乘车次已经停检并被告知应到售票处改签的情况下，强行冲闯某某南站候车室检票口，对在岗值勤和前来劝阻的工作人员反复纠缠、拉扯，以致发生挤占进站通道、检票岗位失控、客运作业漏检等结果，干扰了车站正常作业程序和旅客进站秩序。

丁某所称其不具有强闯检票口的主观意图，亦未造成车站秩序混乱的辩解意见，与在案证据证明的事实不符。某某铁路公安处据此认定丁某有扰乱公共场所秩序的违法行为，认定事实清楚、证据充分。综合考量丁某的具体行为及造成的违法后果等因素，某某铁路公安处认定丁某属于违法情节较重的情形，并依照上述法律规定对其处以行政拘留5日的处罚，适用法律正确，处罚适当。故人民法院依法做出如上裁判。

三、治安案件中妨害公共安全行为和处罚的典型案例

案例一　泽某非法携带管制刀具案

【法条链接】

《中华人民共和国治安管理处罚法》第三十二条　非法携带枪支、弹药或者弩、匕首等国家规定的管制器具的，处五日以下拘留，可以并处五百元以下罚款；情节较轻的，处警告或者二百元以下罚款。非法携带枪支、弹药或者弩、匕首等国家规定的管制器具进入公共场所或者公共交通工具的，处五日以上十日以下拘留，可以并处五百元以下罚款。

【基本案情】

2021年5月某日，某县公安局接到报警称："在汽车站对面，一醉酒男子手持刀具在报警人面前挥舞，言语挑衅后离开，要求出警"，接警后民警立即赶赴现场，最终在城东路将违法行为人泽某传唤至公安机关做进一步调查。

经查，泽某醉酒后购买弹簧刀步行至某商店门口时，将弹簧刀拿出在报警人面前挥舞，并言语挑衅，后声称自己认错人，随即携带弹簧刀离开现场，接警后在环城东路的民警将泽某传唤至公安机关调查。经核实发现泽某携带的弹簧刀属于国家规定的管制器具，根据《中华人民共和国治安管理处罚法》第三十二条之规定泽某的行为已构成非法携带国家规定的管制器具进入公共场所的违法行为，且泽某在2021年3月18日因寻衅滋事被某县公安机关行政拘留10日，根据《中华人民共和国治安管理处罚法》第二十条第四项之规定，泽某六个月内曾受过治安管理处罚，属于从重处罚的情形，最终根据调查情况对泽某做出行政拘留5日，其携带的管制刀具依法收缴的处罚决定。

【案例评析】

管制刀具包括匕首、三棱刀（包括机械加工用的三棱刮刀）、带有自锁装置的弹簧刀（跳刀）以及其他相类似的单刃、双刃、三棱尖刀；无弹簧但有自锁装置的单刃、双刃刀和形似匕首但长度超过匕首的单刃、双刃刀等。管制刀具属于危险物品，如不严加管控，极易被犯罪分子利用，危害公共安全。我国法律法规明令禁止公民非法持有管制器具等物品，大家要明确国家规定的管制器具有哪些，并要自觉杜绝携带管制器具，同时在日常生活中要掌握好自身酒后的习惯，约束酒后行为。如果发现身边有人非法携带管制器具，请及时向公安机关举报。

案例二　方某、汪某私拉电网案

【法条链接】

《中华人民共和国治安管理处罚法》第三十七条　有下列行为之一的，处五日以下拘留或者五百元以下罚款；情节严重的，处五日以上十日以下拘留，可以并处五百元以下罚款：

(一)未经批准,安装、使用电网的,或者安装、使用电网不符合安全规定的;

(二)在车辆、行人通行的地方施工,对沟井坎穴不设覆盖物、防围和警示标志的,或者故意损毁、移动覆盖物、防围和警示标志的;

(三)盗窃、损毁路面井盖、照明等公共设施的。

【基本案情】

方某,某地养殖专业户。由于方某鱼塘内的鱼经常在夜间被人偷,直接经济损失达5000余元,于是,方某请来本村电工汪某,私自在鱼塘周围设置了电网,每到傍晚便将电网通电。某日晚间,方某和汪某正在鱼塘内喝酒,忽然听到一声惨叫,方某连忙拉闸断电。二人出门查看,发现一人被电击倒在鱼塘边,方某遂找来一辆农用车,将该人送往医院。因抢救及时,被电的人短暂休克后,即苏醒过来,月余后恢复正常。公安机关将方某和汪某抓获。

【案例评析】

(一)本案汪某帮助方某在鱼塘周围私设电网,已与方某构成共同违反治安管理行为,应按照《中华人民共和国治安管理处罚法》第三十七条的规定处罚,公安机关抓获汪某正确。

(二)本案方某的行为致被侵害人短暂休克,给其身体带来伤害,应属情节严重,根据《中华人民共和国治安管理处罚法》第三十七条的规定,应处5日以上10日以下拘留,可以并处500元以下罚款。

四、治安案件中侵犯人身权利、财产权利的典型案例

案例一:陈某"提灯定损"故意伤害案

【法条链接】

《中华人民共和国治安管理处罚法》第四十三条　殴打他人的,或者故意伤害他人身体的,处五日以上十日以下拘留,并处二百元以上五百元以下罚款;情节较轻的,处五日以下拘留或者五百元以下罚款。

有下列情形之一的,处十日以上十五日以下拘留,并处五百元以上一千元以下罚款:

(一)结伙殴打、伤害他人的;

(二)殴打、伤害残疾人、孕妇、不满十四周岁的人或者六十周岁以上的人的;

(三)多次殴打、伤害他人或者一次殴打、伤害多人的。

《中华人民共和国治安管理处罚法》第四十四条　猥亵他人的,或者在公共场所故意裸露身体,情节恶劣的,处五日以上十日以下拘留;猥亵智力残疾人、精神病人、不满十四周岁的人或者有其他严重情节的,处十日以上十五日以下拘留。

【基本案情】

2023年10月5日,租户刘某与房东陈某签订了租房合同。2023年12月27日,刘某因某些原因决定提前退租。退租时,房东陈某拿着探照灯对着墙壁、床、橱柜、门框、板凳等逐一检查并贴上标记,最后列出了需要支付的损坏补偿以及由此产生的维修费用清单,合计10800元,陈某以此为由,拒绝退租金和押金。刘某不认可该赔偿单,认为自己就

租住了几个月，只是小磕小碰，有些损坏自己租住时就有，“房东就是想讹钱”，双方产生矛盾。2024 年 3 月 10 日，因双方矛盾升级，陈某用砖块砸刘某。经调查，陈某在双方发生矛盾期间并未威胁或要挟刘某，公安机关依据《中华人民共和国治安管理处罚法》第四十三条第一款规定，对陈某故意伤害刘某的行为处以行政拘留并处罚款。

【案例评析】

本案中，房东陈某虽然不合理地要求刘某赔偿室内物品损坏的损失，但并未采取威胁或要挟的方法，强迫刘某支付钱款，因此，陈某不构成敲诈勒索。在双方矛盾升级后，陈某在明知用砖块砸刘某可能会使刘某身体受到伤害的情况下，实施了用砖砸的行为，构成《中华人民共和国治安管理处罚法》第四十三条第一款规定的故意伤害，且不存在“情节较轻”的情形。注意：如果故意伤害致人轻伤，则涉嫌故意伤害罪，处三年以下有期徒刑、拘役或者管制；致人重伤的，处三年以上十年以下有期徒刑；致人死亡或者以特别残忍手段致人重伤造成严重残疾的，处十年以上有期徒刑、无期徒刑或者死刑。

案例二　因民间纠纷引起的打架斗殴或损毁他人财物案

【法条链接】

《中华人民共和国治安管理处罚法》第九条　对于因民间纠纷引起的打架斗殴或者损毁他人财物等违反治安管理行为，情节较轻的，公安机关可以调解处理。经公安机关调解，当事人达成协议的，不予处罚。经调解未达成协议或者达成协议后不履行的，公安机关应当依照本法的规定对违反治安管理行为人给予处罚，并告知当事人可以就民事争议依法向人民法院提起民事诉讼。

《中华人民共和国治安管理处罚法》第四十九条　盗窃、诈骗、哄抢、抢夺、敲诈勒索或者故意损毁公私财物的，处五日以上十日以下拘留，可以并处五百元以下罚款；情节较重的，处十日以上十五日以下拘留，可以并处一千元以下罚款。

【基本案情】

张三与李四均为旧厂街菜市场的卖鱼商户，经常因为争夺顾客而争吵。一日，李四趁张三不在摊位之际，将经常买张三鱼的老顾客拉到自己的摊位，并成功出售鲤鱼 2 条。该情况被张三远远看到，为此二人发生争吵。在激烈的争吵过程中，张三怒火中烧，将李四的一池鲤鱼掀翻在地，因未及时抢救，20 多条鲤鱼因缺氧而死亡，造成李四损失 350 元。公安机关在调查处理过程中，张三对自己的行为感到非常后悔，表示愿意赔偿李四的损失，但要求李四对其抢客行为进行道歉。因该案属于民间纠纷引起的故意损毁财物的违反治安管理行为，且情节较轻，办案民警征得张三和李四的同意后，对二人进行了调解。经调解，双方达成调解协议，并当场履行，张三赔偿李四损失 350 元，李四对其抢客行为向张三道歉。同时，公安机关对张三做出了不予处罚的决定。

【案例评析】

本案中，张三与李四是同一市场的相邻商户，抬头不见低头见，属于邻里关系。二人在经营过程中因抢顾客发生纠纷，张三一时冲动掀翻李四鱼池致使李四损失 350 元，违反了《中华人民共和国治安管理处罚法》第四十九条的规定，属于故意损毁他人财物的行为，且情节较轻。在双方都同意调解的情况下，公安机关根据《中华人民共和国治安管理处罚法》第九条进行了调解处理。

本案的处理不仅迅速化解了双方的矛盾纠纷，也给予违法行为人张三一次改过自新的机会，对于双方来说起到了积极的警示教育作用，体现了办理治安案件坚持教育与处罚相结合的原则。

五、妨害社会管理的行为和处罚的典型案例

案例一 “一夜情”与卖淫嫖娼违法行为的认定

【法条链接】

《中华人民共和国治安管理处罚法》第六十六条　卖淫、嫖娼的，处十日以上十五日以下拘留，可以并处五千元以下罚款；情节较轻的，处五日以下拘留或者五百元以下罚款。

【基本案情】

2008年8月7日20时30分许，朱某在某区某嘉园2号楼某房间内与某外国籍女子发生性关系，并付给女方1500元，后被某区公安分局民警查获。随后某区公安分局民警分别对朱某、某外国籍女子以及执勤民警进行询问调查。2008年10月16日，某区公安分局民警对朱某制作了《公安行政处罚告知笔录》，向其告知公安机关拟对其进行治安处罚的事实、理由和依据。朱某在笔录上签字捺指印，并提出陈述、申辩意见，朱某认为其与某外国籍女子发生性关系是“一夜情”而非卖淫嫖娼，不应受到治安处罚。当天，某区公安分局对朱某做出《公安行政处罚决定书》，对朱某给予行政拘留14日的处罚。同日，由于朱某向某区公安分局提出申请，故该局经审查后对朱某做出《暂缓执行行政拘留决定书》。随后，朱某不服处罚决定向某区人民政府提起行政复议。2008年12月29日，某区人民政府做出《行政复议决定书》，维持了某区公安分局做出的《公安行政处罚决定书》。另查，某区公安分局于2008年8月8日对某外国籍女子做出《公安行政处罚决定书》，认定其于2008年8月7日20时30分许与朱某以1500元的价格进行卖淫嫖娼活动，依照《中华人民共和国治安管理处罚法》的相关规定，决定对其处以行政拘留14日、追缴1500元的处罚。该处罚决定现已执行完毕。

【案例评析】

实践中，一些进行卖淫嫖娼违法活动的嫌疑人经常会将“一夜情”作为逃避公安机关行政执法和免于治安处罚的辩驳理由。二者之间在客观方面确实存在一些共同点，如都是发生在不特定的对象之间，双方在交往过程中发生了性关系等，但判断二者到底是应属于社会伦理道德调整范围，还是应属于法律制裁范围的关键也是清楚明确的，即上述行为是否系建立在以金钱或财物为媒介的基础之上的。如果是，那么显然属于公安机关应严厉打击的卖淫嫖娼的违法行为范畴。

案例二 “网赌”实无底，输赢都抓起

【法条链接】

《中华人民共和国治安管理处罚法》第七十条　以营利为目的，为赌博提供条件的，

或者参与赌博赌资较大的，处五日以下拘留或者五百元以下罚款；情节严重的，处十日以上十五日以下拘留，并处五百元以上三千元以下罚款。

【基本案情】

2024 年 1 月某日，某区公安分局下辖派出所在工作中排查出涉赌人员陈某，随后将其抓获。陈某到案后供述其于 2023 年 10 月至 2024 年 1 月期间多次通过某体育赌博手机 APP 网络平台投注，以买大小、赌胜负等方式进行赌博，累计赌资 4000 余元。陈某对其赌博的违法行为供认不讳。

结合公安机关收集的物证、书证、违法人员的陈述和申辩等证据，违法人陈某的行为已构成赌博。根据《中华人民共和国治安管理处罚法》第七十条之规定，对陈某赌博的违法行为给予行政拘留 5 日的行政处罚。

【案例评析】

《中华人民共和国治安管理处罚法》第七十条规定，以营利为目的，为赌博提供条件的，或者参与赌博赌资较大的，处五日以下拘留或者五百元以下罚款；情节严重的，处十日以上十五日以下拘留，并处五百元以上三千元以下罚款。

《中华人民共和国刑法》第三百零三条规定，以营利为目的，聚众赌博或者以赌博为业的，处三年以下有期徒刑、拘役或者管制，并处罚金。开设赌场的，处五年以下有期徒刑、拘役或者管制，并处罚金；情节严重的，处五年以上十年以下有期徒刑，并处罚金。

网络赌博的胜负是不规则的，带有极大的随机性和偶然性，赌徒在投机侥幸心理和寻求刺激心理的驱使下，赢了还想赢，输了想“翻本”，欲罢不能。因此网络赌博违法犯罪比传统赌博更容易诱发其他严重刑事犯罪，严重影响社会治安。比如：涉赌人员因无法偿还赌博借下的高利贷，重压之下往往选择一走了之，由此导致家庭破裂、企业生产停顿等，有的甚至引发群体事件，严重影响和破坏社会和谐稳定。

案例三　杨某非法持有毒品违反治安管理案

【法条链接】

《中华人民共和国治安管理处罚法》第七十二条　有下列行为之一的，处十日以上十五日以下拘留，可以并处二千元以下罚款；情节较轻的，处五日以下拘留或者五百元以下罚款：

（一）非法持有鸦片不满二百克、海洛因或者甲基苯丙胺不满十克或者其他少量毒品的；

（二）向他人提供毒品的；

（三）吸食、注射毒品的；

（四）胁迫、欺骗医务人员开具麻醉药品、精神药品的。

【基本案情】

2024 年 5 月 31 日，派出所民警接到群众举报，对辖区居民杨某所居住的平房进行了检查，检查中从屋内抽屉里发现疑似安钠咖的物品，遂将其传唤至执法办案管理中心。经对杨某进行现场尿液检测，结果为咖啡因阴性，对该疑似安钠咖物品进行鉴定，重 80 克，检测出咖啡因和苯甲酸成分，确定为安钠咖，杨某也对自己非法持有毒品的违法事实供认不讳。公安机关根据《中华人民共和国治安管理处罚法》第七十二条第一项的规定，对杨某非法持有毒品安钠咖的行为处500元罚款。

【案例评析】

本案涉及《中华人民共和国治安管理处罚法》第七十二条第一项关于非法持有毒品的处罚。非法持有毒品，是指明知是毒品，而非法持有鸦片不满二百克、海洛因或者甲基苯丙胺（冰毒）不满十克或者其他少量毒品，尚不够刑事处罚的行为。

如何理解“非法持有”：非法持有，是指行为人违反国家法律和国家主管部门的规定，如违反《中华人民共和国药品管理法》等关于个人禁止持有毒品的规定，占有、携带、藏有或以其他方式持有毒品。

“其他少量毒品”的规定：其他少量毒品，是指鸦片、海洛因或者甲基苯丙胺（冰毒）之外的其他毒品，且数量未达到《最高人民法院关于审理毒品犯罪案件适用法律若干问题的解释》第二条规定的刑事立案标准。《中华人民共和国刑法》第三百四十八条的规定，非法持有鸦片二百克以上、海洛因或者甲基苯丙胺（冰毒）十克以上或者其他毒品数量较大的，构成非法持有毒品罪。《最高人民法院关于审理毒品犯罪案件适用法律若干问题的解释》第二条规定：“走私、贩卖、运输、制造、非法持有下列毒品，应当认定为刑法第三百四十七条第三款、第三百四十八条规定的‘其他毒品数量较大’：（一）可卡因十克以上不满五十克；（二）3，4-亚甲二氧基甲基苯丙胺（MDMA）等苯丙胺类毒品（甲基苯丙胺除外）、吗啡二十克以上不满一百克；（三）芬太尼二十五克以上不满一百二十五克；（四）甲卡西酮四十克以上不满二百克；（五）二氢埃托啡二毫克以上不满十毫克；（六）哌替啶（度冷丁）五十克以上不满二百五十克；（七）氯胺酮一百克以上不满五百克；（八）美沙酮二百克以上不满一千克；（九）曲马多、γ-羟丁酸四百克以上不满二千克；（十）大麻油一千克以上不满五千克、大麻脂二千克以上不满十千克、大麻叶及大麻烟三十千克以上不满一百五十千克；（十一）可待因、丁丙诺啡一千克以上不满五千克；（十二）三唑仑、安眠酮十千克以上不满五十千克；（十三）阿普唑仑、恰特草二十千克以上不满一百千克；（十四）咖啡因、罂粟壳四十千克以上不满二百千克；（十五）巴比妥、苯巴比妥、安钠咖、尼美西泮五十千克以上不满二百五十千克；（十六）氯氮卓、艾司唑仑、地西泮、溴西泮一百千克以上不满五百千克；（十七）上述毒品以外的其他毒品数量较大的。”根据以上解释的规定，非法持有解释中列举的毒品数量以下的，即属于《中华人民共和国治安管理处罚法》第七十二条第一项规定的非法持有“其他少量毒品”。

《中华人民共和国网络安全法》

网络安全法

构建网络空间治理框架，强化未成年人网络保护义务,网络欺凌等案例彰显全链条保护理念。

第一部分　法律概述

《中华人民共和国网络安全法》作为网络空间治理的核心法律，其修订与完善对于维护国家安全、保障未成年人合法权益具有重要意义。本篇旨在通过梳理网络安全法的立法背景与意义、修订历程、持续关注与更新，以深化对网络安全法关于未成年人保护方面的认识和理解，以期为网络安全法的进一步研究和实践应用提供参考。

一、立法背景与意义

（一）网络安全法的立法背景

随着互联网技术的迅猛发展，网络已经成为现代社会不可或缺的一部分，尤其是未成年人，作为网络使用的重要群体，其上网行为日益频繁。然而，网络环境的复杂性也给未成年人带来了诸多风险，如不良信息、隐私泄露、网络沉迷等问题，严重影响了未成年人的身心健康。未成年人面临的网络风险主要体现在以下 4 个方面。

一是不良信息侵害：网络上充斥着暴力、色情、诈骗等不良内容，未成年人由于辨别能力较弱，容易受到不良信息的影响。

二是隐私泄露风险：未成年人在社交平台、游戏等应用中容易泄露个人信息，甚至遭遇网络诈骗或恶意利用。

三四网络沉迷问题：过度使用网络，尤其是网络游戏和短视频，可能导致未成年人学习能力下降、社交障碍等问题。

四是网络欺凌与暴力：未成年人容易成为网络欺凌的受害者，甚至可能因网络暴力导致心理创伤。

因此，制定和完善网络安全法，特别是针对未成年人的保护措施，具有重要的现实意义。

（二）网络安全法的立法意义

网络安全法的出台，不仅为整个网络空间提供了法律框架，还特别强调了未成年人保护的重要性，其意义主要体现在以下 4 个方面。

一是明确责任主体：规定了政府、企业、学校、家庭等各方在未成年人网络保护中的责任。

二是规范网络内容：要求网络服务提供者采取措施过滤不良信息，为未成年人提供健康的网络环境。

三是加强数据保护：限制对未成年人个人信息的收集和使用，防止隐私泄露。

四是预防网络沉迷：通过实名认证、时间管理等措施，减少未成年人过度使用网络的风险。

二、修订历程

我国网络安全立法经历了从无到有、从宏观到细化的过程，特别是在未成年人保护方面，法律体系不断完善。以下是主要修订历程：

（一）《中华人民共和国网络安全法》颁行（2017）

2017年6月1日，《中华人民共和国网络安全法》正式实施，这是我国首部全面规范网络空间安全的法律。其中，第十三条规定，国家支持研究开发有利于未成年人健康成长的网络产品和服务。第四十六条要求网络运营者加强对用户发布信息的管理，防止传播违法和不良信息。第四十七条强调网络运营者应配合监管部门处置违法违规信息。虽然该法未专门设立未成年人保护章节，但为后续立法奠定了基础。

（二）《中华人民共和国未成年人保护法》修订（2020）

2020年10月，未成年人保护法迎来重大修订，新增“网络保护”专章，明确了网络内容管理（要求网络服务提供者采取技术措施过滤不良信息）、防沉迷机制（规定网络游戏、直播等平台需对未成年人使用时间进行限制）、个人信息保护（禁止网络服务提供者过度收集未成年人信息）、监护人责任（要求家长监督未成年人上网行为，防止沉迷）等。

（三）《未成年人网络保护条例》公布（2023）

2022年3月，《未成年人网络保护条例（征求意见稿）》发布，进一步细化了对未成年人的保护措施。2023年10月，《未成年人网络保护条例》公布，自2024年1月1日起施行。

强化未成年人个人信息网络保护：要求未成年人注册网络账号需监护人同意。

强化内容审核：短视频、社交平台需建立未成年人内容分级制度。

加强算法限制：禁止向未成年人推送可能诱导沉迷的信息。

加强企业责任：要求互联网企业设立未成年人保护机制，如“青少年模式”。

三、持续关注与更新

尽管我国在未成年人网络保护方面已取得一定成效，但随着技术发展，新的挑战不断涌现，法律仍需持续完善。

（一）当前存在的问题

执行力度不足：部分平台“青少年模式”形同虚设，防沉迷系统易被绕过。

新型网络风险：如AI换脸、深度伪造技术可能被用于侵害未成年人权益。

跨境数据问题：部分境外平台不受国内法律约束，未成年人仍可能接触不良内容。

（二）未来立法方向

加强技术监管：利用AI和大数据分析，提升对不良内容的识别和过滤能力。

推动国际合作：与全球互联网企业合作，建立跨境未成年人保护机制。

完善救济机制：设立专门的未成年人网络维权渠道，确保其权益受损时能及时获得帮助。

强化家庭教育：通过立法鼓励学校和家长加强网络素养教育，提升未成年人自我保护能力。

(三)社会共治的重要性

未成年人网络保护不能仅依赖法律,还需政府、企业、学校、家庭多方协作。

政府:加强监管,推动立法更新。

企业:落实社会责任,优化防沉迷系统。

学校:开展网络素养教育,引导学生正确使用网络。

家庭:家长应关注孩子的网络行为,合理引导。

结语:网络安全法及其相关修订在未成年人保护方面发挥了重要作用,但仍需持续优化以适应快速变化的网络环境。未来,应通过法律完善、技术创新和社会共治,为未成年人构建更安全、健康的网络空间。

第二部分　法条摘编

（《中华人民共和国网络安全法》已由中华人民共和国第十二届全国人民代表大会常务委员会第二十四次会议于2016年11月7日通过，自2017年6月1日起施行）

第一章　总　则

第一条　为了保障网络安全，维护网络空间主权和国家安全、社会公共利益，保护公民、法人和其他组织的合法权益，促进经济社会信息化健康发展，制定本法。

第四条　国家制定并不断完善网络安全战略，明确保障网络安全的基本要求和主要目标，提出重点领域的网络安全政策、工作任务和措施。

第七条　国家积极开展网络空间治理、网络技术研发和标准制定、打击网络违法犯罪等方面的国际交流与合作，推动构建和平、安全、开放、合作的网络空间，建立多边、民主、透明的网络治理体系。

第八条　国家网信部门负责统筹协调网络安全工作和相关监督管理工作。国务院电信主管部门、公安部门和其他有关机关依照本法和有关法律、行政法规的规定，在各自职责范围内负责网络安全保护和监督管理工作。

第九条　网络运营者开展经营和服务活动，必须遵守法律、行政法规，尊重社会公德，遵守商业道德，诚实信用，履行网络安全保护义务，接受政府和社会的监督，承担社会责任。

第十条　建设、运营网络或者通过网络提供服务，应当依照法律、行政法规的规定和国家标准的强制性要求，采取技术措施和其他必要措施，保障网络安全、稳定运行，有效应对网络安全事件，防范网络违法犯罪活动，维护网络数据的完整性、保密性和可用性。

第十一条　网络相关行业组织按照章程，加强行业自律，制定网络安全行为规范，指导会员加强网络安全保护，提高网络安全保护水平，促进行业健康发展。

第十二条　国家保护公民、法人和其他组织依法使用网络的权利，促进网络接入普及，提升网络服务水平，为社会提供安全、便利的网络服务，保障网络信息依法有序自由流动。

任何个人和组织使用网络应当遵守宪法法律，遵守公共秩序，尊重社会公德，不得危害网络安全，不得利用网络从事危害国家安全、荣誉和利益，煽动颠覆国家政权、推翻社会主义制度，煽动分裂国家、破坏国家统一，宣扬恐怖主义、极端主义，宣扬民族仇恨、民族歧视，传播暴力、淫秽色情信息，编造、传播虚假信息扰乱经济秩序和社会秩序，以及侵害他人名誉、隐私、知识产权和其他合法权益等活动。

第十三条　国家支持研究开发有利于未成年人健康成长的网络产品和服务，依法惩治利用网络从事危害未成年人身心健康的活动，为未成年人提供安全、健康的网络环境。

第十四条　任何个人和组织有权对危害网络安全的行为向网信、电信、公安等部门举报。收到举报的部门应当及时依法作出处理;不属于本部门职责的,应当及时移送有权处理的部门。

有关部门应当对举报人的相关信息予以保密,保护举报人的合法权益。

第三章　网络运行安全

第一节　一般规定

第二十一条　国家实行网络安全等级保护制度。网络运营者应当按照网络安全等级保护制度的要求,履行下列安全保护义务,保障网络免受干扰、破坏或者未经授权的访问,防止网络数据泄露或者被窃取、篡改:

(一)制定内部安全管理制度和操作规程,确定网络安全负责人,落实网络安全保护责任;

(二)采取防范计算机病毒和网络攻击、网络侵入等危害网络安全行为的技术措施;

(三)采取监测、记录网络运行状态、网络安全事件的技术措施,并按照规定留存相关的网络日志不少于六个月;

(四)采取数据分类、重要数据备份和加密等措施;

(五)法律、行政法规规定的其他义务。

第二十二条　第三款　网络产品、服务具有收集用户信息功能的,其提供者应当向用户明示并取得同意;涉及用户个人信息的,还应当遵守本法和有关法律、行政法规关于个人信息保护的规定。

第二十三条　网络关键设备和网络安全专用产品应当按照相关国家标准的强制性要求,由具备资格的机构安全认证合格或者安全检测符合要求后,方可销售或者提供。国家网信部门会同国务院有关部门制定、公布网络关键设备和网络安全专用产品目录,并推动安全认证和安全检测结果互认,避免重复认证、检测。

第二十四条　网络运营者为用户办理网络接入、域名注册服务,办理固定电话、移动电话等入网手续,或者为用户提供信息发布、即时通讯等服务,在与用户签订协议或者确认提供服务时,应当要求用户提供真实身份信息。用户不提供真实身份信息的,网络运营者不得为其提供相关服务。

国家实施网络可信身份战略,支持研究开发安全、方便的电子身份认证技术,推动不同电子身份认证之间的互认。

第二节　关键信息基础设施的运行安全

第三十一条　国家对公共通信和信息服务、能源、交通、水利、金融、公共服务、电子政务等重要行业和领域,以及其他一旦遭到破坏、丧失功能或者数据泄露,可能严重危害国家安全、国计民生、公共利益的关键信息基础设施,在网络安全等级保护制度的基础上,实行重点保护。关键信息基础设施的具体范围和安全保护办法由国务院制定。

国家鼓励关键信息基础设施以外的网络运营者自愿参与关键信息基础设施保护体系。

第四章　网络信息安全

第四十三条　个人发现网络运营者违反法律、行政法规的规定或者双方的约定收集、使用其个人信息的，有权要求网络运营者删除其个人信息；发现网络运营者收集、存储的其个人信息有错误的，有权要求网络运营者予以更正。网络运营者应当采取措施予以删除或者更正。

第四十四条　任何个人和组织不得窃取或者以其他非法方式获取个人信息，不得非法出售或者非法向他人提供个人信息。

第四十六条　任何个人和组织应当对其使用网络的行为负责，不得设立用于实施诈骗，传授犯罪方法，制作或者销售违禁物品、管制物品等违法犯罪活动的网站、通讯群组，不得利用网络发布涉及实施诈骗，制作或者销售违禁物品、管制物品以及其他违法犯罪活动的信息。

第四十七条　网络运营者应当加强对其用户发布的信息的管理，发现法律、行政法规禁止发布或者传输的信息的，应当立即停止传输该信息，采取消除等处置措施，防止信息扩散，保存有关记录，并向有关主管部门报告。

第五章　监测预警与应急处置

第五十八条　因维护国家安全和社会公共秩序，处置重大突发社会安全事件的需要，经国务院决定或者批准，可以在特定区域对网络通信采取限制等临时措施。

第六章　法律责任

第七十五条　境外的机构、组织、个人从事攻击、侵入、干扰、破坏等危害中华人民共和国的关键信息基础设施的活动，造成严重后果的，依法追究法律责任；国务院公安部门和有关部门并可以决定对该机构、组织、个人采取冻结财产或者其他必要的制裁措施。

第三部分　案例解析

一、个人信息保护纠纷

【法条链接】

《中华人民共和国网络安全法》第二十一条　国家实行网络安全等级保护制度。网络运营者应当按照网络安全等级保护制度的要求，履行下列安全保护义务，保障网络免受干扰、破坏或者未经授权的访问，防止网络数据泄露或者被窃取、篡改：

（一）制定内部安全管理制度和操作规程，确定网络安全负责人，落实网络安全保护责任；

（二）采取防范计算机病毒和网络攻击、网络侵入等危害网络安全行为的技术措施；

（三）采取监测、记录网络运行状态、网络安全事件的技术措施，并按照规定留存相关的网络日志不少于六个月；

（四）采取数据分类、重要数据备份和加密等措施；

（五）法律、行政法规规定的其他义务。

【基本案情】

2021 年 7 月，郭某某作为“某 APP”的注册会员，在卸载“某 APP”并使用手机新下载“某 APP”时发现，在该 APP 软件下载完成并打开“某 APP”使用时，该 APP 的使用页面会直接跳转出《隐私权政策》的温馨提示，内容提示“可能获取您的位置等个人隐私信息”并且要求郭某某在两个使用选项“同意”或“不同意”中进行选择。郭某某必须选择同意方能使用“某 APP”。如郭某某选择“不同意”则再次跳出“您需要同意本隐私权政策才能继续使用‘某 APP’，若您不同意本隐私权政策，很遗憾我们将无法为您提供服务”。并仅有两个选择项“仍不同意”或“查看协议”，若继续选择“仍不同意”则将继续跳出“亲，要不要再想想”并仅提供“退出应用”或“再次查看”两个选择。随即郭某某选择在“某 APP”登录个人账户时发现，还需再次选择同意并勾选“已阅读并同意《某平台服务协议》《隐私权政策》《某某某注册相关协议》（支付平台）”的前提下，可登录“某 APP”进行正常使用。

【判决结果】

某某互联网法院于 2022 年 2 月 22 日做出民事判决，判决驳回原告郭某某的诉讼请求。一审判决后，双方当事人均服判息诉。

【案例评析】

（一）《常见类型移动互联网应用程序必要个人信息范围规定》第四条规定，“APP 不得因为用户不同意提供非必要个人信息，而拒绝用户使用其基本功能服务。”第五条规定，“常见类型 APP 的必要个人信息范围：……网上购物类，基本功能服务为‘购买商品’，必要个人信息包括：一是注册用户移动电话号码；二是收货人姓名（名称）、地址、联系电话；三是支付时间、支付金额、支付渠道等支付信息。”在该案中，“某 APP”系网购类移动互联网应用程序，根据其基本服务功能，有权收集并处理郭某某的手机号、收货地址、交易金额和具体时间、支付途径等信息，并在《隐私权政策》中有相应规定。

（二）维护网络安全所必需的个人信息。根据《中华人民共和国网络安全法》第二十一条规定，郭某某在“某 APP”的浏览、搜索、收藏、选购、评论等行为形成的数据痕迹是客观形成的，实际是用户设备（手机）与 APP 服务器之间的数据交互结果。用户设备发出具体浏览、搜索、收藏、选购、评论数据的指令，APP 服务器基于指令反馈结果，由此形成的数据以服务器“网络日志”记录并承载，这是基于网络技术安全的需要。至于设备信息，是 APP 服务器基于技术形成与手机系统进行适配，而设备所处的 IP 或基础网络环境则是用户的手机硬件设备进入 APP 服务器时形成的必要信息。基于网络安全的需要，“某 APP”形成并处理上述个人信息的行为于法有据。

综上，“某 APP”的《隐私权政策》都没有超出必要信息的适度范围，符合比例原则“禁止过度”的要求。

二、网络侵权责任纠纷

【法条链接】

《中华人民共和国网络安全法》第四十七条　网络运营者应当加强对其用户发布的信息的管理，发现法律、行政法规禁止发布或者传输的信息的，应当立即停止传输该信息，采取消除等处置措施，防止信息扩散，保存有关记录，并向有关主管部门报告。

【基本案情】

自 2019 年 1 月 4 日刘某某发现侵权人杨某在某公司某平台上，盗用刘某某肖像和陌生男子拼凑为情侣发布侮辱诽谤视频，盗用并在刘某某肖像下发布“你只某某狗”等侮辱言论，某公司接到刘某某投诉以及 2019 年 1 月 15 日发送的律师函后未处理，直到 2 月 2 日行政投诉被约谈后才删除，次日侵权人即在杨某后添加“，”，继续发布侮辱诽谤视频言论，2 月 14 日起诉立案后，2 月 15 日才删除；随后杨某添加“：”、大拇指、小蜻蜓等符号，持续发布侮辱诽谤言论恶意侵权，直至 2019 年 12 月 18 日收到一审判决，历经 3 次开庭，在 2019 年 9 月 27 日第 3 次开庭当日晚上以及国庆节当日，侵权人杨某等在某平台上，依然如故发布直播视频“某某狗”“那就往死里整呗”等侮辱攻击性言论。刘某某委托律师，就侵权内容发出律师函而某公司接到律师函等侵权投诉材料时，未对相关视频和侵权人及时采取必要措施。

【判决结果】

本判决生效之日起 7 日内，某公司向刘某某出具书面赔礼道歉信，道歉内容需经一审人民法院审核；逾期不执行，一审人民法院将在相关媒体上刊登本判决书的主要内容，所需费用由被告某公司承担。本判决生效之日起 7 日内，被告某公司赔偿刘某某精神损害抚慰金 5000 元、财产损失 14000 元（含公证费 6000 元、律师费 8000 元）。驳回刘某某的其他诉讼请求。

二审法院判决：驳回上诉，维持原判。

【案例评析】

本案二审争议焦点：(一)某公司对涉案短视频是否存在有偿推送的行为，以及对该视频是否可以采取相应的技术措施予以监管？刘某某提供的现有证据不足以证明某公司有偿推广了本案所诉的涉案视频。涉案视频是利用刘某某肖像与陌生男子拼凑为情侣，加之不当配乐构成的侵权视频，这种视频即便被有偿推送，某公司仍需要结合基础权利归属的事实，才能判断侵权与否，故本院认为，某公司关于事前无法主动通过技术手段屏蔽的抗辩理由合理，而刘某某认为某公司没有尽到主动审核注意义务，并应承担连带侵权赔偿责任的主张，本院不予支持。(二)关于网络实名问题。用户让渡个人信息来享有网络服务，是互联网服务平台提供服务的基础模式。个人信息让渡的范围与提供服务的深度和广度密切相关。如果不分种类将个人身份信息提供给各类互联网服务平台，存在个人信息不当使用和泄露的风险。某公司对普通用户采用手机号实名的方式，是大多数互联网服务平台通用的实名模式，亦符合国家互联网信息办公室 2017 年 9 月 7 日发布的《互联网用户公众账号信息服务管理规定》，即互联网用户公众账号信息服务提供者应当按照“后台实名、前台自愿”的原则，对使用者进行基于组织机构代码、身份证件号码、移动电话号码等真实身份信息认证。刘某某认为某公司未尽到实名管理的法定义务，包庇侵权人逃避法律责任，应承担侵权连带责任的上诉请求本院不予支持。(三)关于赔礼道歉方式是否适当，及赔偿数额是否合理问题。赔礼道歉的目的是在于抚慰受害人，惩治加害人。考虑到本案侵权内容已经被删除，侵权影响范围相对固定，而某公司主要针对侵害损失扩大部分承担责任，精神损害赔偿亦能对受害人的人格权益受损起到一定的抚慰作用；同时，涉案裁判文书网上公开，也可以达到恢复被侵权人名誉的社会效果和惩治侵权人的裁判目的。故一审判决某公司以书面的形式直接向刘某某赔礼道歉，应为合理的方式。关于赔偿金额是否适当问题。侵权损害赔偿以填平损失为原则。本案所诉侵权是针对网络服务提供者主张的侵权责任，而涉案侵权言论还存在直接侵权责任人。一审认定刘某某与某公司侵权案件合计的经济损失为公证费用 12900 元，律师费用 50000 元。刘某某本案主张的直接损失为公证费、律师费各 10000 元。一审判决预留出直接责任人侵权责任份额，综合本案侵权人的过错程度、侵权行为方式和造成损害后果等因素，酌情确定赔偿经济损失金额为 14000 元(公证费 6000 元，律师费 8000 元)，并无不当。(四)2019 年 1 月 22 日通知是否构成有效通知，及某公司是否及时采取必要措施。该通知是刘某某在某公司回函后，按照其要求提交的补正通知，与 2019 年 1 月 15 日刘某某发送的律师函，一并记载了通知人姓名和联系方式、要求采取必要措施的侵权内容，以及要求删除信息的理由，构成有效通知。关于某公司采取措施是否及时的问题。2019 年 2 月 2 日，某公司在接到行政机关转办的投诉后，删除相关侵权言论。某公司接到行政机关通知采取措施和接到用户投诉采取措施所用时间呈明显反差，故某公司主张自己已经及时履行删除义务的上诉理由，本院不予支持。(五)关于侵权人在某平台发表的涉案言论是否有明显的侮辱性，以及某公司是否可以采取技术手段屏蔽或删除的问题。本案中侵权人借助某平台发布的言论，具有明显的侮辱性，某公司可以通过自动抓取等技术手段，进行主动审核。一审人民法院认定某公司具备监管能力，应当可以加以屏蔽或及时发现并予以删除，并无不当。自刘某某一方的有效通知 2019 年 1 月 22 日到达某公司，至 2019 年 2 月 2 日，某公司未及时删除投诉的侵权内容，且被投诉的侵权人仍然在某平台继续发表侵权言论及视频，对此一审人民法院认定某公司对部分侵权行为构成“明知”，未采取必要措施，应承担连带侵权责任并无不当。

三、侵犯公民个人信息罪

【法条链接】

《中华人民共和国网络安全法》第四十四条　任何个人和组织不得窃取或者以其他非法方式获取个人信息，不得非法出售或者非法向他人提供个人信息。

《中华人民共和国网络安全法》第七十六条　本法下列用语的含义：

（一）网络，是指由计算机或者其他信息终端及相关设备组成的按照一定的规则和程序对信息进行收集、存储、传输、交换、处理的系统。

（二）网络安全，是指通过采取必要措施，防范对网络的攻击、侵入、干扰、破坏和非法使用以及意外事故，使网络处于稳定可靠运行的状态，以及保障网络数据的完整性、保密性、可用性的能力。

（三）网络运营者，是指网络的所有者、管理者和网络服务提供者。

（四）网络数据，是指通过网络收集、存储、传输、处理和产生的各种电子数据。

（五）个人信息，是指以电子或者其他方式记录的能够单独或者与其他信息结合识别自然人个人身份的各种信息，包括但不限于自然人的姓名、出生日期、身份证件号码、个人生物识别信息、住址、电话号码等。

【基本案情】

公诉机关指控：2021 年 5 月至 2022 年 11 月，被告人董某从上线卢某（另案处理）提供的网络平台购买包含姓名、联系方式、住址、征信信息等个人信息，并将上述信息销售给欧某、史某。经查，董某销售个人信息共计 7771 条，获利约 20921 元。案发后，被告人董某如实供述自己的罪行，已退出 60000 元。

公诉机关提交并当庭出示了某某市公安局调取的人口基本信息、银行流水记录等书证；证人卢某、欧某、史某等人的证言；被告人董某的供述和辩解；某某市公安局制作的扣押笔录、提取笔录、电子数据检查笔录等；某某市公安局提取的电子数据等证据证实。

公诉机关认为被告人董某违反国家规定，非法获取公民个人信息并予以出售，从中获利，情节特别严重，应当以侵犯公民个人信息罪追究其刑事责任。案发后，被告人董某如实供述自己的罪行，可以从轻处罚。被告人董某认罪认罚，可以从宽处理。建议对被告人董某判处有期徒刑 3 年，并处罚金，如条件适合，可适用缓刑。

【判决结果】

被告人董某犯侵犯公民个人信息罪，判处有期徒刑 3 年，缓刑 3 年，并处罚金 22000 元（缓刑考验期限自判决确定之日起计算；罚金已缴纳）。作案工具手机 2 部、电脑主机 1 台，予以没收，由暂扣单位依法处理；退出的违法所得 20921 元，予以没收，由暂扣单位某某市公安局上缴国库；扣押的其他财物，由暂扣单位依法处理。附带民事公益诉讼被告董某于本判决生效后30日内就侵犯公民个人信息的行为在国家级媒体上赔礼道歉。附带民事公益诉讼被告董某于本判决生效后立即将非法获取的公民个人信息全部删除，消除危险。附带民事公益诉讼被告董某于本判决生效之日起30日内赔偿20921元。

【案例评析】

被告人董某违反国家有关规定，向他人出售公民个人信息，情节特别严重，其行为已构成侵犯公民个人信息罪，依法应予惩处。公诉机关的指控成立。辩护人的辩护意见，经查属实，予以采信。被告人董某到案后如实供述所犯罪行，依法可以从轻处罚；认罪认罚，可以从宽处理；退出全部违法所得，酌情从轻处罚。综上，本院决定对被告人董某从轻处罚，其符合缓刑适用条件且所在社区愿意承担帮教责任，故给予其一定的缓刑考验期限。公诉机关量刑建议适当。被告董某侵犯公民个人信息的行为，损害了不特定社会公众的利益，应当承担相应的民事责任。附带民事公益诉讼起诉人代表社会公众向本院提起公益诉讼，其诉讼请求符合法律规定。

《中华人民共和国民法典》

民法典

确立民事权利保障体系，完善未成年人监护制度,网络打赏、姓名权纠纷等案例体现私权保护司法导向。

第一部分　法律概述

民法典作为民事法律体系的核心，其修订与完善对于推动法治建设、维护社会公平正义具有重要意义。本部分旨在通过梳理民法典的修订脉络，探讨其渗透的法理思想，并分析其与公序良俗的关系，以深化对民法典的理解和认识。研究采用文献分析和比较研究的方法，从历史、理论和实践 3 个维度展开论述，以期为民法典的进一步研究和实践应用提供参考。

一、民法典的修订脉络

我国民法典的修订历程反映了社会经济发展和法治建设的不断进步。从中华人民共和国成立初期的民事单行法，到 1986 年《中华人民共和国民法通则》的公布，再到 2021 年《中华人民共和国民法典》的正式实施，这一过程体现了我国民事法律体系的逐步完善。

民法典修订的背景主要源于社会经济快速发展带来的新问题和新挑战。随着改革开放的深入，原有的民事法律体系已难以完全适应新时代的需求。同时，人民群众对权利保护的需求日益增长，要求法律更好地维护公平正义。此外，国际环境的变化也促使我国法律体系与国际接轨，提高国际竞争力。

民法典修订的主要变化体现在体例结构、内容创新和语言表达等方面。在体例上更加科学合理。内容上，新增了“人格权”编，强化了对个人权利的保护；完善了物权制度，适应了市场经济发展的需要；细化了合同规则，保障了交易安全。语言表达上，更加简洁明了，便于公众理解和使用。

民法典修订的意义在于：首先，它标志着我国民事法律制度的成熟和完善，为法治建设奠定了坚实基础。其次，它更好地适应了新时代社会经济发展的需求，为市场经济运行提供了有力保障。最后，它强化了对公民权利的保护，体现了以人民为中心的法治理念，推动了社会公平正义的实现。

二、民法典的渗透法理

民法典中渗透的法理思想体现了现代法治精神和人文关怀。其基本原则包括平等原则、自愿原则、诚信原则和公序良俗原则等。这些原则贯穿于整部法典，为民事活动提供了基本准则和价值取向。

民法典的价值取向主要体现在对个人权利的保护、对社会公共利益的维护以及对市场经济秩序的规范。它强调尊重和保障人权，注重平衡个人利益与社会利益，同时致力于营造公平、有序的市场环境。这种价值取向反映了法律对社会现实的回应和对未来发展的前瞻。

在法律实践中，民法典的法理渗透体现在多个方面。例如，在司法裁判中，法官需要运用民法典的基本原则来解释和适用具体法律条文；在法律教育中，法理思想成为培养法律人才的重要内容；在法律研究中，学者们通过探讨民法典的法理基础，推动法学理论的发展。这些实践不仅深化了对民法典的理解，也促进了法律制度的完善和法治社会的建设。

三、民法典的法与公序良俗的关系

公序良俗原则是民法典中的重要原则之一，它体现了法律与道德的紧密联系。公序良俗，即公共秩序和善良风俗，是社会普遍认可的道德规范和行为准则。在民法典中，公序良俗原则主要体现在对民事法律行为的效力认定上，违反公序良俗的民事法律行为将被认定为无效。

公序良俗原则在民法典中的具体体现包括：在总则部分，明确将公序良俗作为民事活动的基本原则；在合同编中，规定违反公序良俗的合同无效；在婚姻家庭编中，强调维护家庭和谐，保护妇女、儿童和老年人的合法权益；在继承编中，注重平衡继承人之间的利益，维护家庭伦理。

公序良俗原则对法律适用的影响主要体现在以下几个方面：首先，它为法官提供了自由裁量的空间，使其能够根据具体案情做出更符合社会公平正义的裁判。其次，它有助于弥补成文法的不足，在法律规定不明确或存在漏洞时，可以依据公序良俗原则进行裁判。最后，它促进了法律与道德的良性互动，使法律裁判能够更好地反映社会主流价值观，增强司法公信力。

然而，公序良俗原则的适用也面临一些挑战。例如，如何界定公序良俗的具体内容，如何平衡法律与道德的关系，如何避免法官滥用自由裁量权等。这些问题的解决需要进一步的理论研究和实践探索，以不断完善公序良俗原则的适用机制。

第二部分　法条摘编

《中华人民共和国民法典》已由中华人民共和国第十三届全国人民代表大会第三次会议于2020年5月28日通过，自2021年1月1日起施行。

第一编　总　则

第二章　自然人

第一节　民事权利能力和民事行为能力

第十三条　【自然人民事权利能力的起止】自然人从出生时起到死亡时止，具有民事权利能力，依法享有民事权利，承担民事义务。

第十四条　【民事权利能力平等】自然人的民事权利能力一律平等。

第十五条　【出生和死亡时间的认定】自然人的出生时间和死亡时间，以出生证明、死亡证明记载的时间为准；没有出生证明、死亡证明的，以户籍登记或者其他有效身份登记记载的时间为准。有其他证据足以推翻以上记载时间的，以该证据证明的时间为准。

第十六条　【胎儿利益保护】涉及遗产继承、接受赠与等胎儿利益保护的，胎儿视为具有民事权利能力。但是，胎儿娩出时为死体的，其民事权利能力自始不存在。

第十七条　【成年时间】十八周岁以上的自然人为成年人。不满十八周岁的自然人为未成年人。

第十八条　【完全民事行为能力人】成年人为完全民事行为能力人，可以独立实施民事法律行为。

十六周岁以上的未成年人，以自己的劳动收入为主要生活来源的，视为完全民事行为能力人。

第十九条　【限制民事行为能力的未成年人】八周岁以上的未成年人为限制民事行为能力人，实施民事法律行为由其法定代理人代理或者经其法定代理人同意、追认；但是，可以独立实施纯获利益的民事法律行为或者与其年龄、智力相适应的民事法律行为。

第二十条　【无民事行为能力的未成年人】不满八周岁的未成年人为无民事行为能力人，由其法定代理人代理实施民事法律行为。

第二十一条　【无民事行为能力的成年人】不能辨认自己行为的成年人为无民事行为能力人，由其法定代理人代理实施民事法律行为。

八周岁以上的未成年人不能辨认自己行为的，适用前款规定。

第二十二条　【限制民事行为能力的成年人】不能完全辨认自己行为的成年人为限制民事行为能力人，实施民事法律行为由其法定代理人代理或者经其法定代理人同意、追认；但是，可以独立实施纯获利益的民事法律行为或者与其智力、精神健康状况相适应的民事法律行为。

第二十三条 【非完全民事行为能力人的法定代理人】无民事行为能力人、限制民事行为能力人的监护人是其法定代理人。

第二十四条 【民事行为能力的认定及恢复】不能辨认或者不能完全辨认自己行为的成年人，其利害关系人或者有关组织，可以向人民法院申请认定该成年人为无民事行为能力人或者限制民事行为能力人。

被人民法院认定为无民事行为能力人或者限制民事行为能力人的，经本人、利害关系人或者有关组织申请，人民法院可以根据其智力、精神健康恢复的状况，认定该成年人恢复为限制民事行为能力人或者完全民事行为能力人。

本条规定的有关组织包括：居民委员会、村民委员会、学校、医疗机构、妇女联合会、残疾人联合会、依法设立的老年人组织、民政部门等。

第二十五条 【自然人的住所】自然人以户籍登记或者其他有效身份登记记载的居所为住所；经常居所与住所不一致的，经常居所视为住所。

第二节 监 护

第二十六条 【父母子女之间的法律义务】父母对未成年子女负有抚养、教育和保护的义务。

成年子女对父母负有赡养、扶助和保护的义务。

第二十七条 【未成年人的监护人】父母是未成年子女的监护人。

未成年人的父母已经死亡或者没有监护能力的，由下列有监护能力的人按顺序担任监护人：

（一）祖父母、外祖父母；

（二）兄、姐；

（三）其他愿意担任监护人的个人或者组织，但是须经未成年人住所地的居民委员会、村民委员会或者民政部门同意。

第二十八条 【无、限制民事行为能力的成年人的监护】无民事行为能力或者限制民事行为能力的成年人，由下列有监护能力的人按顺序担任监护人：

（一）配偶；

（二）父母、子女；

（三）其他近亲属；

（四）其他愿意担任监护人的个人或者组织，但是须经被监护人住所地的居民委员会、村民委员会或者民政部门同意。

第二十九条 【遗嘱指定监护人】被监护人的父母担任监护人的，可以通过遗嘱指定监护人。

第三十条 【协议确定监护人】依法具有监护资格的人之间可以协议确定监护人。协议确定监护人应当尊重被监护人的真实意愿。

第三十一条 【监护争议解决程序】对监护人的确定有争议的，由被监护人住所地的居民委员会、村民委员会或者民政部门指定监护人，有关当事人对指定不服的，可以向人民法院申请指定监护人；有关当事人也可以直接向人民法院申请指定监护人。

居民委员会、村民委员会、民政部门或者人民法院应当尊重被监护人的真实意愿，按照最有利于被监护人的原则在依法具有监护资格的人中指定监护人。

依据本条第一款规定指定监护人前，被监护人的人身权利、财产权利以及其他合法权益处于无人保护状态的，由被监护人住所地的居民委员会、村民委员会、法律规定的有关组织或者民政部门担任临时监护人。

监护人被指定后，不得擅自变更；擅自变更的，不免除被指定的监护人的责任。

第三十二条 【公职监护人】没有依法具有监护资格的人的，监护人由民政部门担任，也可以由具备履行监护职责条件的被监护人住所地的居民委员会、村民委员会担任。

第三十三条 【意定监护人】具有完全民事行为能力的成年人，可以与其近亲属、其他愿意担任监护人的个人或者组织事先协商，以书面形式确定自己的监护人，在自己丧失或者部分丧失民事行为能力时，由该监护人履行监护职责。

第三十四条 【监护人的职责与权利及临时生活照料措施】监护人的职责是代理被监护人实施民事法律行为，保护被监护人的人身权利、财产权利以及其他合法权益等。

监护人依法履行监护职责产生的权利，受法律保护。

监护人不履行监护职责或者侵害被监护人合法权益的，应当承担法律责任。

因发生突发事件等紧急情况，监护人暂时无法履行监护职责，被监护人的生活处于无人照料状态的，被监护人住所地的居民委员会、村民委员会或者民政部门应当为被监护人安排必要的临时生活照料措施。

第三十五条 【监护人履行职责的原则与要求】监护人应当按照最有利于被监护人的原则履行监护职责。监护人除为维护被监护人利益外，不得处分被监护人的财产。

未成年人的监护人履行监护职责，在作出与被监护人利益有关的决定时，应当根据被监护人的年龄和智力状况，尊重被监护人的真实意愿。

成年人的监护人履行监护职责，应当最大程度地尊重被监护人的真实意愿，保障并协助被监护人实施与其智力、精神健康状况相适应的民事法律行为。对被监护人有能力独立处理的事务，监护人不得干涉。

第三十六条 【监护人资格的撤销】监护人有下列情形之一的，人民法院根据有关个人或者组织的申请，撤销其监护人资格，安排必要的临时监护措施，并按照最有利于被监护人的原则依法指定监护人：

（一）实施严重损害被监护人身心健康的行为；

（二）怠于履行监护职责，或者无法履行监护职责且拒绝将监护职责部分或者全部委托给他人，导致被监护人处于危困状态；

（三）实施严重侵害被监护人合法权益的其他行为。

本条规定的有关个人、组织包括：其他依法具有监护资格的人，居民委员会、村民委员会、学校、医疗机构、妇女联合会、残疾人联合会、未成年人保护组织、依法设立的老年人组织、民政部门等。

前款规定的个人和民政部门以外的组织未及时向人民法院申请撤销监护人资格的，

民政部门应当向人民法院申请。

第三十七条　【监护人资格撤销后的义务】依法负担被监护人抚养费、赡养费、扶养费的父母、子女、配偶等，被人民法院撤销监护人资格后，应当继续履行负担的义务。

第三十八条　【监护人资格的恢复】被监护人的父母或者子女被人民法院撤销监护人资格后，除对被监护人实施故意犯罪的外，确有悔改表现的，经其申请，人民法院可以在尊重被监护人真实意愿的前提下，视情况恢复其监护人资格，人民法院指定的监护人与被监护人的监护关系同时终止。

第三十九条　【监护关系的终止】有下列情形之一的，监护关系终止：

（一）被监护人取得或者恢复完全民事行为能力；

（二）监护人丧失监护能力；

（三）被监护人或者监护人死亡；

（四）人民法院认定监护关系终止的其他情形。

监护关系终止后，被监护人仍然需要监护的，应当依法另行确定监护人。

第五章　民事权利

第一百零九条　【一般人格权】自然人的人身自由、人格尊严受法律保护。

第一百一十条　【民事主体的人格权】自然人享有生命权、身体权、健康权、姓名权、肖像权、名誉权、荣誉权、隐私权、婚姻自主权等权利。

法人、非法人组织享有名称权、名誉权和荣誉权。

第一百一十一条　【个人信息受法律保护】自然人的个人信息受法律保护。任何组织或者个人需要获取他人个人信息的，应当依法取得并确保信息安全，不得非法收集、使用、加工、传输他人个人信息，不得非法买卖、提供或者公开他人个人信息。

第一百一十二条　【婚姻家庭关系等产生的人身权利】自然人因婚姻家庭关系等产生的人身权利受法律保护。

第一百一十三条　【财产权利受法律平等保护】民事主体的财产权利受法律平等保护。

第一百一十四条　【物权的特征及类型】民事主体依法享有物权。

物权是权利人依法对特定的物享有直接支配和排他的权利，包括所有权、用益物权和担保物权。

第一百一十五条　【物权的客体】物包括不动产和动产。法律规定权利作为物权客体的，依照其规定。

第一百一十六条　【物权法定原则】物权的种类和内容，由法律规定。

第一百一十七条　【征收与征用】为了公共利益的需要，依照法律规定的权限和程序征收、征用不动产或者动产的，应当给予公平、合理的补偿。

第一百一十八条　【债权】民事主体依法享有债权。

债权是因合同、侵权行为、无因管理、不当得利以及法律的其他规定，权利人请求特定义务人为或者不为一定行为的权利。

第一百二十一条　【无因管理之债】没有法定的或者约定的义务，为避免他人利益受损失而进行管理的人，有权请求受益人偿还由此支出的必要费用。

第一百二十二条 【不当得利之债】因他人没有法律根据，取得不当利益，受损失的人有权请求其返还不当利益。

第一百二十七条 【对数据和网络虚拟财产的保护】法律对数据、网络虚拟财产的保护有规定的，依照其规定。

第一百二十八条 【对弱势群体的特别保护】法律对未成年人、老年人、残疾人、妇女、消费者等的民事权利保护有特别规定的，依照其规定。

第一百二十九条 【民事权利的取得方式】民事权利可以依据民事法律行为、事实行为、法律规定的事件或者法律规定的其他方式取得。

第一百三十条 【权利行使的自愿原则】民事主体按照自己的意愿依法行使民事权利，不受干涉。

第一百三十一条 【权利义务一致】民事主体行使权利时，应当履行法律规定的和当事人约定的义务。

第一百三十二条 【禁止权利滥用】民事主体不得滥用民事权利损害国家利益、社会公共利益或者他人合法权益。

第六章　民事法律行为

第三节　民事法律行为的效力

第一百四十三条 【民事法律行为有效的条件】具备下列条件的民事法律行为有效：

（一）行为人具有相应的民事行为能力；

（二）意思表示真实；

（三）不违反法律、行政法规的强制性规定，不违背公序良俗。

第一百四十四条 【无民事行为能力人实施的民事法律行为】无民事行为能力人实施的民事法律行为无效。

第一百四十五条 【限制民事行为能力人实施的民事法律行为】限制民事行为能力人实施的纯获利益的民事法律行为或者与其年龄、智力、精神健康状况相适应的民事法律行为有效；实施的其他民事法律行为经法定代理人同意或者追认后有效。

相对人可以催告法定代理人自收到通知之日起三十日内予以追认。法定代理人未作表示的，视为拒绝追认。民事法律行为被追认前，善意相对人有撤销的权利。撤销应当以通知的方式作出。

第一百四十六条 【虚假表示与隐藏行为效力】行为人与相对人以虚假的意思表示实施的民事法律行为无效。

以虚假的意思表示隐藏的民事法律行为的效力，依照有关法律规定处理。

第一百四十七条 【重大误解】基于重大误解实施的民事法律行为，行为人有权请求人民法院或者仲裁机构予以撤销。

第一百四十八条 【欺诈】一方以欺诈手段，使对方在违背真实意思的情况下实施的民事法律行为，受欺诈方有权请求人民法院或者仲裁机构予以撤销。

第一百四十九条 【第三人欺诈】第三人实施欺诈行为，使一方在违背真实意思的情况下实施的民事法律行为，对方知道或者应当知道该欺诈行为的，受欺诈方有权请求人民法院或者仲裁机构予以撤销。

第一百五十条 【胁迫】一方或者第三人以胁迫手段，使对方在违背真实意思的情况下实施的民事法律行为，受胁迫方有权请求人民法院或者仲裁机构予以撤销。

第一百五十一条 【乘人之危导致的显失公平】一方利用对方处于危困状态、缺乏判断能力等情形，致使民事法律行为成立时显失公平的，受损害方有权请求人民法院或者仲裁机构予以撤销。

第一百五十二条 【撤销权的消灭】有下列情形之一的，撤销权消灭：

（一）当事人自知道或者应当知道撤销事由之日起一年内、重大误解的当事人自知道或者应当知道撤销事由之日起九十日内没有行使撤销权；

（二）当事人受胁迫，自胁迫行为终止之日起一年内没有行使撤销权；

（三）当事人知道撤销事由后明确表示或者以自己的行为表明放弃撤销权。

当事人自民事法律行为发生之日起五年内没有行使撤销权的，撤销权消灭。

第一百五十三条 【违反强制性规定及违背公序良俗的民事法律行为的效力】违反法律、行政法规的强制性规定的民事法律行为无效。但是，该强制性规定不导致该民事法律行为无效的除外。

违背公序良俗的民事法律行为无效。

第一百五十四条 【恶意串通】行为人与相对人恶意串通，损害他人合法权益的民事法律行为无效。

第一百五十五条 【无效或者被撤销的民事法律行为自始无效】无效的或者被撤销的民事法律行为自始没有法律约束力。

第一百五十六条 【民事法律行为部分无效】民事法律行为部分无效，不影响其他部分效力的，其他部分仍然有效。

第一百五十七条 【民事法律行为无效、被撤销或确定不发生效力的法律后果】民事法律行为无效、被撤销或者确定不发生效力后，行为人因该行为取得的财产，应当予以返还；不能返还或者没有必要返还的，应当折价补偿。有过错的一方应当赔偿对方由此所受到的损失；各方都有过错的，应当各自承担相应的责任。法律另有规定的，依照其规定。

第八章　民事责任

第一百七十七条 【按份责任】二人以上依法承担按份责任，能够确定责任大小的，各自承担相应的责任；难以确定责任大小的，平均承担责任。

第一百七十八条 【连带责任】二人以上依法承担连带责任的，权利人有权请求部分或者全部连带责任人承担责任。

连带责任人的责任份额根据各自责任大小确定；难以确定责任大小的，平均承担责任。实际承担责任超过自己责任份额的连带责任人，有权向其他连带责任人追偿。

连带责任，由法律规定或者当事人约定。

第一百七十九条 【承担民事责任的方式】承担民事责任的方式主要有：

（一）停止侵害；
（二）排除妨碍；
（三）消除危险；
（四）返还财产；
（五）恢复原状；
（六）修理、重作、更换；
（七）继续履行；
（八）赔偿损失；
（九）支付违约金；
（十）消除影响、恢复名誉；
（十一）赔礼道歉。

法律规定惩罚性赔偿的，依照其规定。

本条规定的承担民事责任的方式，可以单独适用，也可以合并适用。

第一百八十条 【不可抗力】因不可抗力不能履行民事义务的，不承担民事责任。法律另有规定的，依照其规定。

不可抗力是不能预见、不能避免且不能克服的客观情况。

第一百八十一条 【正当防卫】因正当防卫造成损害的，不承担民事责任。

正当防卫超过必要的限度，造成不应有的损害的，正当防卫人应当承担适当的民事责任。

第一百八十二条 【紧急避险】因紧急避险造成损害的，由引起险情发生的人承担民事责任。

危险由自然原因引起的，紧急避险人不承担民事责任，可以给予适当补偿。

紧急避险采取措施不当或者超过必要的限度，造成不应有的损害的，紧急避险人应当承担适当的民事责任。

第一百八十三条 【因保护他人民事权益受损时的责任承担与补偿办法】因保护他人民事权益使自己受到损害的，由侵权人承担民事责任，受益人可以给予适当补偿。没有侵权人、侵权人逃逸或者无力承担民事责任，受害人请求补偿的，受益人应当给予适当补偿。

第一百八十四条 【紧急救助的责任豁免】因自愿实施紧急救助行为造成受助人损害的，救助人不承担民事责任。

第一百八十五条 【英雄烈士人格利益的保护】侵害英雄烈士等的姓名、肖像、名誉、荣誉，损害社会公共利益的，应当承担民事责任。

第一百八十六条 【违约责任与侵权责任的竞合】因当事人一方的违约行为，损害对方人身权益、财产权益的，受损害方有权选择请求其承担违约责任或者侵权责任。

第一百八十七条 【民事责任优先承担】民事主体因同一行为应当承担民事责任、行政责任和刑事责任的，承担行政责任或者刑事责任不影响承担民事责任；民事主体的财产不足以支付的，优先用于承担民事责任。

第九章 诉讼时效

第一百八十八条 【普通诉讼时效、最长权利保护期间】向人民法院请求保护民事权利的诉讼时效期间为三年。法律另有规定的,依照其规定。

诉讼时效期间自权利人知道或者应当知道权利受到损害以及义务人之日起计算。法律另有规定的,依照其规定。但是,自权利受到损害之日起超过二十年的,人民法院不予保护,有特殊情况的,人民法院可以根据权利人的申请决定延长。

第一百九十条 【对法定代理人请求权诉讼时效的起算】无民事行为能力人或者限制民事行为能力人对其法定代理人的请求权的诉讼时效期间,自该法定代理终止之日起计算。

第一百九十一条 【未成年人遭受性侵害的损害赔偿诉讼时效的起算】未成年人遭受性侵害的损害赔偿请求权的诉讼时效期间,自受害人年满十八周岁之日起计算。

第一百九十二条 【诉讼时效期间届满的法律效果】诉讼时效期间届满的,义务人可以提出不履行义务的抗辩。

诉讼时效期间届满后,义务人同意履行的,不得以诉讼时效期间届满为由抗辩;义务人已经自愿履行的,不得请求返还。

第一百九十四条 【诉讼时效的中止】在诉讼时效期间的最后六个月内,因下列障碍,不能行使请求权的,诉讼时效中止:

(一)不可抗力;

(二)无民事行为能力人或者限制民事行为能力人没有法定代理人,或者法定代理人死亡、丧失民事行为能力、丧失代理权;

(三)继承开始后未确定继承人或者遗产管理人;

(四)权利人被义务人或者其他人控制;

(五)其他导致权利人不能行使请求权的障碍。

自中止时效的原因消除之日起满六个月,诉讼时效期间届满。

第一百九十五条 【诉讼时效的中断】有下列情形之一的,诉讼时效中断,从中断、有关程序终结时起,诉讼时效期间重新计算:

(一)权利人向义务人提出履行请求;

(二)义务人同意履行义务;

(三)权利人提起诉讼或者申请仲裁;

(四)与提起诉讼或者申请仲裁具有同等效力的其他情形。

第一百九十六条 【不适用诉讼时效的情形】下列请求权不适用诉讼时效的规定:

(一)请求停止侵害、排除妨碍、消除危险;

(二)不动产物权和登记的动产物权的权利人请求返还财产;

(三)请求支付抚养费、赡养费或者扶养费;

(四)依法不适用诉讼时效的其他请求权。

第二编　物　权

第一分编　通　则

第二章　物权的设立、变更、转让和消灭

第一节　不动产登记

第二百零九条　【不动产物权的登记生效原则及其例外】不动产物权的设立、变更、转让和消灭，经依法登记，发生效力；未经登记，不发生效力，但是法律另有规定的除外。

依法属于国家所有的自然资源，所有权可以不登记。

第二节　动产交付

第二百二十四条　【动产物权变动生效时间】动产物权的设立和转让，自交付时发生效力，但是法律另有规定的除外。

第二分编　所有权

第四章　一般规定

第二百四十条　【所有权的基本内容】所有权人对自己的不动产或者动产，依法享有占有、使用、收益和处分的权利。

第五章　国家所有权和集体所有权、私人所有权

第二百四十六条　【国家所有权】法律规定属于国家所有的财产，属于国家所有即全民所有。

国有财产由国务院代表国家行使所有权。法律另有规定的，依照其规定。

第二百四十七条　【矿藏、水流、海域的国家所有权】矿藏、水流、海域属于国家所有。

第二百四十八条　【无居民海岛的国家所有权】无居民海岛属于国家所有，国务院代表国家行使无居民海岛所有权。

第二百四十九条　【国家所有土地的范围】城市的土地，属于国家所有。法律规定属于国家所有的农村和城市郊区的土地，属于国家所有。

第二百五十条　【自然资源的国家所有权】森林、山岭、草原、荒地、滩涂等自然资源，属于国家所有，但是法律规定属于集体所有的除外。

第二百五十一条　【国家所有的野生动植物资源】法律规定属于国家所有的野生动植物资源，属于国家所有。

第二百五十二条　【无线电频谱资源的国家所有权】无线电频谱资源属于国家所有。

第二百五十三条　【国家所有的文物的范围】法律规定属于国家所有的文物，属于国家所有。

第二百五十四条 【国防资产、基础设施的国家所有权】国防资产属于国家所有。

铁路、公路、电力设施、电信设施和油气管道等基础设施，依照法律规定为国家所有的，属于国家所有。

第二百五十五条 【国家机关的物权】国家机关对其直接支配的不动产和动产，享有占有、使用以及依照法律和国务院的有关规定处分的权利。

第二百五十六条 【国家举办的事业单位的物权】国家举办的事业单位对其直接支配的不动产和动产，享有占有、使用以及依照法律和国务院的有关规定收益、处分的权利。

第二百五十八条 【国有财产的保护】国家所有的财产受法律保护，禁止任何组织或者个人侵占、哄抢、私分、截留、破坏。

第二百六十条 【集体财产范围】集体所有的不动产和动产包括：

（一）法律规定属于集体所有的土地和森林、山岭、草原、荒地、滩涂；

（二）集体所有的建筑物、生产设施、农田水利设施；

（三）集体所有的教育、科学、文化、卫生、体育等设施；

（四）集体所有的其他不动产和动产。

第二百六十一条 【农民集体所有财产归属及重大事项集体决定】农民集体所有的不动产和动产，属于本集体成员集体所有。

下列事项应当依照法定程序经本集体成员决定：

（一）土地承包方案以及将土地发包给本集体以外的组织或者个人承包；

（二）个别土地承包经营权人之间承包地的调整；

（三）土地补偿费等费用的使用、分配办法；

（四）集体出资的企业的所有权变动等事项；

（五）法律规定的其他事项。

第二百六十五条 【集体所有财产保护】集体所有的财产受法律保护，禁止任何组织或者个人侵占、哄抢、私分、破坏。

农村集体经济组织、村民委员会或者其负责人作出的决定侵害集体成员合法权益的，受侵害的集体成员可以请求人民法院予以撤销。

第二百六十六条 【私人所有权】私人对其合法的收入、房屋、生活用品、生产工具、原材料等不动产和动产享有所有权。

第二百六十七条 【私有财产的保护】私人的合法财产受法律保护，禁止任何组织或者个人侵占、哄抢、破坏。

第三分编　用益物权

第十章　一般规定

第三百二十三条 【用益物权的定义】用益物权人对他人所有的不动产或者动产，依法享有占有、使用和收益的权利。

第四编　人格权

第一章　一般规定

第九百八十九条　【人格权编的调整范围】本编调整因人格权的享有和保护产生的民事关系。

第九百九十条　【人格权类型】人格权是民事主体享有的生命权、身体权、健康权、姓名权、名称权、肖像权、名誉权、荣誉权、隐私权等权利。

除前款规定的人格权外，自然人享有基于人身自由、人格尊严产生的其他人格权益。

第九百九十一条　【人格权受法律保护】民事主体的人格权受法律保护，任何组织或者个人不得侵害。

第九百九十二条　【人格权禁止性规定】人格权不得放弃、转让或者继承。

第九百九十三条　【人格利益的许可使用】民事主体可以将自己的姓名、名称、肖像等许可他人使用，但是依照法律规定或者根据其性质不得许可的除外。

第九百九十四条　【死者人格利益保护】死者的姓名、肖像、名誉、荣誉、隐私、遗体等受到侵害的，其配偶、子女、父母有权依法请求行为人承担民事责任；死者没有配偶、子女且父母已经死亡的，其他近亲属有权依法请求行为人承担民事责任。

第九百九十五条　【人格权保护的请求权】人格权受到侵害的，受害人有权依照本法和其他法律的规定请求行为人承担民事责任。受害人的停止侵害、排除妨碍、消除危险、消除影响、恢复名誉、赔礼道歉请求权，不适用诉讼时效的规定。

第九百九十六条　【人格权责任竞合下的精神损害赔偿】因当事人一方的违约行为，损害对方人格权并造成严重精神损害，受损害方选择请求其承担违约责任的，不影响受损害方请求精神损害赔偿。

第九百九十七条　【人格权行为禁令】民事主体有证据证明行为人正在实施或者即将实施侵害其人格权的违法行为，不及时制止将使其合法权益受到难以弥补的损害的，有权依法向人民法院申请采取责令行为人停止有关行为的措施。

第九百九十八条　【认定行为人承担责任时的考量因素】认定行为人承担侵害除生命权、身体权和健康权外的人格权的民事责任，应当考虑行为人和受害人的职业、影响范围、过错程度，以及行为的目的、方式、后果等因素。

第九百九十九条　【人格利益的合理使用】为公共利益实施新闻报道、舆论监督等行为的，可以合理使用民事主体的姓名、名称、肖像、个人信息等；使用不合理侵害民事主体人格权的，应当依法承担民事责任。

第一千条　【消除影响、恢复名誉、赔礼道歉责任方式】行为人因侵害人格权承担消除影响、恢复名誉、赔礼道歉等民事责任的，应当与行为的具体方式和造成的影响范围相当。

行为人拒不承担前款规定的民事责任的，人民法院可以采取在报刊、网络等媒体上发布公告或者公布生效裁判文书等方式执行，产生的费用由行为人负担。

第一千零一条 【身份权的法律适用】对自然人因婚姻家庭关系等产生的身份权利的保护,适用本法第一编、第五编和其他法律的相关规定;没有规定的,可以根据其性质参照适用本编人格权保护的有关规定。

第三部分　案例解析

一、网络服务合同纠纷

【法条链接】

《中华人民共和国民法典》第十九条　【限制民事行为能力的未成年人】八周岁以上的未成年人为限制民事行为能力人，实施民事法律行为由其法定代理人代理或者经其法定代理人同意、追认；但是，可以独立实施纯获利益的民事法律行为或者与其年龄、智力相适应的民事法律行为。

《中华人民共和国民法典》第一百五十七条　【民事法律行为无效、被撤销或确定不发生效力的法律后果】民事法律行为无效、被撤销或者确定不发生效力后，行为人因该行为取得的财产，应当予以返还；不能返还或者没有必要返还的，应当折价补偿。有过错的一方应当赔偿对方由此所受到的损失；各方都有过错的，应当各自承担相应的责任。法律另有规定的，依照其规定。

案例一

【基本案情】

李某某于 2004 年 11 月出生，其于 2019 年 8 月 5 日通过手机下载某网络公司运营的某 APP 游戏，并以其未成年人的身份信息注册该游戏账号，账号 UID 为 32*****62。2020 年 2 月 17 日至 2020 年 8 月 2 日，李某某在其个人游戏账号中进行了 1 元、6 元、15 元、30 元、128 元、328 元不等金额的充值，充值金额共计 1058 元，上述充值均来自李某某注册的账号绑定的其母亲的微信账号。2020 年 8 月，李某某向他人购买以罗某某身份信息注册的成年人账号，账号 UID 为 31*****38。2020 年 8 月 21 日至 2021 年 8 月 12 日，李某某在罗某某的账号中进行了 6 元至 388 元不等金额的充值，充值金额共计 5015 元，上述充值均来自李某某母亲的微信账号。李某某的账号中所记载的涉案游戏消费记录即消费时间、消费金额与某网络公司提交的游戏账户充值时间、充值金额完全吻合。原告认为，由于某网络公司未遵守该规定设置完善的账号管理和确认方法，也未按规定设置限额，导致李某某作为未成年人短期大额充值。请求判令：某网络公司退回所有充值金额 6073 元。

【判决结果】

某网络公司向李某某折价补偿 1821.90 元，驳回李某某的其他诉讼请求。宣判后，原、被告均未提出上诉，一审判决已生效。

【案例评析】

关于某网络公司是否需承担责任。《最高人民法院关于适用〈中华人民共和国民法典〉时间效力的若干规定》第二十条规定:“民法典施行前成立的合同,依照法律规定或者当事人约定该合同的履行持续至民法典施行后,因民法典施行前履行合同发生争议的,适用当时的法律、司法解释的规定;因民法典施行后履行合同发生争议的,适用民法典第三编第四章和第五章的相关规定。”由于涉案游戏充值行为发生于2019年8月至2021年8月期间,且李某某系针对该期间的数笔充值金额要求返还,故应当根据合同履约时间分别适用《中华人民共和国民法总则》及《中华人民共和国民法典》之规定。其中,《中华人民共和国民法总则》第十七条规定:“十八周岁以上的自然人为成年人。不满十八周岁的自然人为未成年人。”其第十九条规定:“八周岁以上的未成年人为限制民事行为能力人,实施民事法律行为由其法定代理人代理或者经其法定代理人同意、追认,但是可以独立实施纯获利益的民事法律行为或者与其年龄、智力相适应的民事法律行为。”《中华人民共和国民法典》第十七条、第十九条亦有上述相同规定。李某某系2004年11月出生,其于2019年8月至2021年8月在涉案游戏账号消费时年龄尚不满18周岁,属于限制民事行为能力人,其向某网络公司运营的涉案游戏共计充值6073元,该大额消费行为明显与其年龄、智力不符。李某某的法定代理人在案件审理过程中明确表示对李某某的大额消费行为不予追认,故该民事法律行为无效。《中华人民共和国民法总则》第一百五十七条规定:“民事法律行为无效、被撤销或者确定不发生效力后,行为人因该行为取得的财产,应当予以返还;不能返还或者没有必要返还的,应当折价补偿。有过错的一方应当赔偿对方由此所受到的损失;各方都有过错的,应当各自承担相应的责任。法律另有规定的,依照其规定。”《中华人民共和国民法典》第一百五十七条亦有相同规定。根据上述规定,上述民事法律行为无效后,某网络公司应当向李某某返还游戏充值款。但鉴于李某某通过游戏充值方式购买了游戏装备、道具,虽然游戏装备、道具系虚拟财产,亦具有财产属性,且李某某已享受了某网络公司提供的智力成果,故某网络公司返还已无可能,但仍须折价补偿李某某。

关于双方过错程度认定。李某某作为未成年人,理应将主要精力放在学习上,不应沉迷于游戏;李某某的父母作为李某某的监护人,应当对李某某进行必要的教育、监管并妥善保管好自己的付款账户信息。李某某多次、长时间玩网络游戏并对游戏账号进行多笔大额充值,持有付款账户的李某某母亲在长达1年半的时间内竟然对李某某的充值行为毫不知情,显然监护人对孩子的行为未做必要的管束。李某某的监护人对涉案损失的造成具有过错。与此同时,作为提供网络游戏相关服务的平台,应尽可能采取措施预防未成年人在其平台冒充他人身份注册和大额消费。但在本案诉讼中,双方当事人均明确涉案游戏仅需要姓名及居民身份证号即可注册登录,该注册登录显然缺乏其他的验证方式。而某网络公司亦未能举证证明其在用户注册时采取了诸如人脸识别等充分措施以保证注册人提供的身份信息与本人的一致性,致使李某某得以成功冒用罗某某的身份信息注册的游戏账号充值消费,亦具有过错。综合考虑合同效力、双方的过错程度和损失情况,本院酌情确定某网络公司向李某某折价补偿游戏消费的充值款6073元的30%即1821.90元,其余损失由李某某及其监护人自行承担。

案例二

【基本案情】

2021 年 8 月 3 日 22 时 39 分、22 时 52 分，原告通过手机向被告转账 18888 元、5888 元，合计 24776 元。2021 年 9 月 17 日，原告法定代理人仇某通过某语音平台进行投诉，以未成年人操作为由申请退款。被告至今未退款，原告诉至本院，要求判如所请。

【判决结果】

被告公司于本判决生效后 10 日内返还原告邓某 24776 元。

【案例评析】

本案系网络服务合同纠纷。原告向被告公司充值用于被告公司 APP 的使用，双方为网络服务合同关系。原告于 2010 年 11 月 29 日出生，涉案网络充值行为发生的时间为 2021 年 8 月 3 日，原告仅 11 岁，属于限制行为能力人。案涉充值金额为 18888 元及 5888 元，已超过一个十余岁未成年人正常的消费水平，与其年龄、智力不相适应。原告之母在发现原告行为后要求被告返还款项，已经明确表示了对于原告的行为不予追认，在此情况下，原告的充值行为与被告形成的网络服务合同应认定无效，被告负有返还交易款项的义务。被告辩称案涉款项系网络诈骗不应由其全部返还，但被告系案涉网络服务合同相对方，且未提交证据证明案涉款项系原告被网络诈骗，本院对被告的该辩称意见不予采纳。故对于原告要求被告返还案涉款项的诉讼请求，本院予以支持。

二、网络侵害虚拟财产纠纷

【法条链接】

《中华人民共和国民法典》第一百二十七条　【对数据和网络虚拟财产的保护】法律对数据、网络虚拟财产的保护有规定的，依照其规定。

案例一

【基本案情】

原告王某与被告刘某系网友关系，2021 年被告刘某未经原告王某许可擅自登录原告王某游戏账号将其游戏装备以 33000 元价格售出，原告王某发现后多次通过微信与被告协商此事，后被告刘某主动向原告王某承认，其早已收到该交易款项，因其个人原因未将其返还给原告王某。在此期间，与案涉游戏装备相似的装备市场价格升高，原告王某与被告刘某就案涉游戏装备的价格达成一致，由被告刘某支付原告王某 47500 元。2021 年 11 月 29 日，被告通过微信转账的方式向原告支付 10000 元，尚欠原告 37500 元。

【判决结果】

由被告刘某于本判决生效之日起 10 日内向原告王某支付 37500 元及资金占用费（以 37500 元为基数，自 2022 年 4 月 26 日起至款项实际清偿之日止，按照年利率 3.70% 计算）。驳回原告王某的其他诉讼请求。

【案例评析】

民事主体的人身权利、财产权利以及其他合法权益受法律保护，任何组织或者个人不得侵犯。本案中，被告刘某所交易的游戏装备，具有一定的财产利益属性和一般商品属性，属于网络虚拟财产，网络游戏用户对其创建的账号、角色和获取的虚拟财产享有权利，而案涉游戏装备归原告王某所有，被告刘某擅自出售原告王某游戏装备的行为侵害了原告王某的财产权益，被告应当赔偿原告相应的经济损失。后原告王某与被告刘某就案涉游戏装备的价值达成一致，由被告支付原告47500元，该约定系双方真实意思表示，且不违反法律规定，本院予以确认，被告刘某已向原告王某支付10000元，被告应当按照约定支付剩余款项37500元，故原告要求被告支付其37500元的诉讼请求，本院予以支持。关于资金占用费的计算，因原、被告未约定还款时间，故资金占用费自原告起诉之日即2022年4月26日起至款项实际清偿之日止，按照年利率3.70%计算。

案例二

【基本案情】

2022年，双方经协商，洪某将3个游戏装备及7个贴纸印花出借给侯某使用。2023年1月19日，洪某要求侯某归还前述物品，双方进行了如下对话：洪某：老板在吗？手机发下刀和狙。侯某：我昨天出去了，朋友玩着我的号，一会儿给你发……洪某：好了吗？你朋友还没玩好吗……后侯某并未回复洪某。同年2月9日洪某向侯某发送短视频，后侯某删除洪某好友。另查明，洪某为购买前述游戏装备及贴纸印花合计支出15075元。

【判决结果】

原审人民法院判决：侯某于判决生效之日起10日内赔偿洪某15075元。驳回洪某的其他诉讼请求。

二审人民法院判决：驳回上诉，维持原判。

【案例评析】

原审人民法院认为，洪某出借给侯某的游戏装备属于网络虚拟财产。网络虚拟财产是指虚拟的网络以及存在于网络上的具有财产性的电磁记录，是一种能够用现有的度量标准度量其价值的数字化的新型财产。网络虚拟财产虽然以数据形式存在于特定空间，但由于其具有一定价值，满足人们的需求，具有合法性，能够为人所掌控，属于在一定条件下可以交易的特殊财产，故而其具有财产属性。网络虚拟财产具有虚拟性、技术性、稀缺性和合法性的特征。洪某将其购得的游戏装备出借给侯某使用，侯某在洪某催告后并未及时归还。侯某虽抗辩主张其游戏账号被盗、无法归还以及其拥有装备给了洪某交换，但从双方的聊天记录来看，双方并未达成互换各自拥有装备的所有权的合意，原审人民法院仅能认定洪某同意将游戏装备出借给侯某而非双方交换所有权。洪某出借游戏装备后要求侯某归还，侯某有义务及时归还。侯某主张其游戏账号被盗而无法归还，但侯某的举证仅能证明在1月16日有装备完成了交易，不能证明其是否被盗。且在双方此前的沟通中，侯某从未告知过洪某其账号被盗，反而在未予洪某正面回应后删除了洪某好友，故原审人民法院对侯某的抗辩主张不予支持。且无论侯某的游戏账号是否被盗，都不能免除侯某负有返还洪某出借给侯某的游戏装备的法律责任。洪某并不存在任何过错或者违约行为，侯某表示无法归还洪某出借的游戏装备，侯某应当赔偿洪某损失，损失数额的确定以洪某购买案涉游戏装备时实际支出的数额为准。洪某还主张侯某赔偿虚拟财产租金损失，因双方达成的是出借协议而非出租协议，故洪某的该项诉讼请求缺乏事实和法律依据，原审人民法院不予支持。

二审人民法院认为，网络虚拟财产是指存在于虚拟网络的，具有交换价值，能为人所支配的财产，网络虚拟财产受到相关法律法规的保护。本案中，洪某出借给侯某的游戏装备即属于网络虚拟财产。上诉人侯某以自己账号被盗为由主张其不应承担游戏装备灭失的赔偿责任，但侯某并未充分举证证明其游戏账号被盗的情形。因侯某为该游戏账号的持有人，对账号负有管理责任，现其主张从被上诉人洪某处借用的游戏装备已在其账号中被交易而灭失，则应认定该交易行为系其自身操作所为。即便存在他人操作的情形，在无相反证据证明的情况下亦应视为征得侯某同意或因侯某对账号保管不善所致。侯某作为借用人，应当承担向洪某返还案涉虚拟财产的责任。因案涉虚拟财产据侯某主张已因被交易而灭失，则侯某应当赔偿洪某相应损失。关于侯某对赔偿数额的异议。本院认为，洪某已举证证明案涉游戏装备及贴纸系其从公开的网络交易平台购买所得，共计花费 15075 元，可以体现案涉游戏装备及贴纸的市场价值。侯某虽对该价格有异议，但并未就该价格不能公允反映案涉游戏装备及贴纸的价值提供任何反驳证据，在此情况下侯某主张其仅应承担 5000 元的赔偿责任，不能成立。综上，原审判决认定事实清楚，适用法律正确。

三、见义勇为人受害责任纠纷

【法条链接】

《中华人民共和国民法典》第一百八十三条　【因保护他人民事权益受损时的责任承担与补偿办法】因保护他人民事权益使自己受到损害的，由侵权人承担民事责任，受益人可以给予适当补偿。没有侵权人、侵权人逃逸或者无力承担民事责任，受害人请求补偿的，受益人应当给予适当补偿。

案例一

【基本案情】

原告李某与被告陈某原来并不认识。2021 年 12 月 17 日，原告李某与被告陈某均在河边钓鱼，当天在河边钓鱼的还有被告陈某的朋友和另外的钓鱼爱好者张某、孟某。当日 14 时 30 分，被告陈某不慎掉入河中，相隔几米的原告见状就用手中的钓鱼竿去拉被告，原告在拉的过程中被拉滑倒在地受伤。后来被告陈某被其朋友用钓鱼竿拉上岸，被告陈某被救上岸后与其朋友一起离开，孟某见原告李某受伤后，将原告背到车上并通知原告亲友，将原告送到医院住院治疗。

【判决结果】

由被告陈某补偿原告李某的医疗费、护理费、住院伙食补助费、营养费、交通费、鉴定费等共计 19612.95 元，扣除被告陈某已支付的 3000 元外，还应由被告陈某补偿原告李某 16612.95 元，上述款项，限被告陈某于本判决发生法律效力之日起 5 日内补偿给原告李某。驳回原告李某的其他诉讼请求。

【案例评析】

《中华人民共和国民法典》第一百八十三条规定，因保护他人民事权益使自己受到损害的，由侵权人承担民事责任，受益人可以给予适当补偿。没有侵权人、侵权人逃逸或者无力承担民事责任，受害人请求补偿的，受益人应当给予适当补偿。本案被告在钓鱼时不慎掉入河中，原告积极给予救助造成原告自己受伤，被告作为受益人应给予适当补偿。结合本案的实际情况，原告年龄较高，被告相较于原告经济负担能力较强的情况下，被告应补偿原告50%的损失。

案例二

【基本案情】

2020年6月11日7时许，陈某在途经某某市某某镇某村临时安置房时，因闻到彭某、李某所居住房间内有液化气泄漏的味道，便通知彭某的母亲余某前往查看。因余某没有钥匙开门，陈某便爬窗进入室内，在关闭液化气罐时，突然着火导致烧伤。陈某受伤后分别于2020年6月11至2020年9月30日，2020年12月22日至2021年2月5日，2021年9月9日至2021年9月30日在某医院住院治疗，花费医药费共计239171.03元，其中，已经医保报销54544元。陈某的损伤经人民法院委托，某司法鉴定所做出鉴定意见书，结论为：陈某因液化气烧伤面部、颈部、双上肢等，右眼失明，综合评定为5级伤残；陈某的误工期、护理期、营养期计算时间至定残前一天，需后续治疗费60000元。事故地位于某办事处免费提供的安置区，陈某及彭某、李某、余某均居住在该区。

【判决结果】

原审人民法院判决：由彭某、李某共同补偿陈某300000元。由某办事处补偿陈某200000元。驳回陈某的其他诉讼请求。

二审人民法院判决：驳回上诉，维持原判。

【案例评析】

原审人民法院认为，本案案由应为无因管理纠纷。无因管理是指管理人没有法定的或者约定的义务，为避免他人利益受损失而管理他人事务。从其构成要件来看，无因管理只要求管理人的管理行为有利于他人，并不以得到被管理人的授权为要件，结合到本案中，涉案房屋发生煤气泄漏，潜在着引发火灾、烧毁房屋的危险，陈某出于为彭某、李某所居住的房屋排除险情、避免损失发生的目的进入室内关闭液化气罐，根据调查笔录中余某的陈述，虽无法证实其要求陈某进入，但亦未明确制止，因陈某的行为符合被管理人的利益，故构成无因管理。同时，管理人实施行为是否有利于自己或是否在管理过程中存在过错均不影响无因管理的构成，故某办事处、彭某等人以陈某系出于避免自己居住房屋受损而实施行为以及陈某操作不当造成事故，主张陈某的行为不构成无因管理的抗辩理由均不成立。据此，陈某因管理事务受到损失，可以请求受益人给予适当补偿。关于本案受益人的认定，彭某、李某系事故房屋的使用人，为直接受益人。某办事处系事故房屋所有者和实际提供者，虽系免费提供给上述彭某、李某使用，但其对房屋仍负有管理、修缮，并保证房屋能够安全居住的义务，陈某对房屋的无因管理行为符合某办事处的利益，故其应当承担适当的补偿责任。余某并非房屋的使用人，未在陈某行为中受益，故无需承担责任。

同时，无因管理权利人请求受益人承担补偿责任的范围仅限于实际损失，不应向受益人主张精神抚慰金、被抚养人生活费等其他非直接损失的赔偿，因陈某的诉请过高，根据陈某因管理事故受损的大小及受益人受益的大小，酌情认定由彭某、李某共同补偿陈某 300000 元，某办事处补偿陈某 200000 元。

二审人民法院认为，无因管理，是指没有法定的或者约定的义务，为避免他人利益受损失，自愿管理他人事务或为他人提供服务的行为。见义勇为，是指行为人没有法定的也没有约定的义务，为了使国家、社会公共利益或者他人的合法权益不受或者免受损害，而实施的制止侵害、防止损失的行为。就其法律性质而言，见义勇为应属于无因管理的范围，但它是一种特殊的无因管理。二者相比较，见义勇为行为实施时的状态具有紧急和危险性，无因管理一般为平常状态下实施；见义勇为行为人基于正义实施行为，它是一种高尚的道德行为，它所追求的价值目标是社会整体利益，无因管理较之在道德感召力和影响力上相对较小，其更多的在于维护他人利益免受损失而做出的行为，故二者的价值取向不同；见义勇为往往给行为人造成人身和财产的损失后果，而无因管理一般不会造成人身损害，故二者造成的损害后果不同。本案中，陈某在他人液化气泄漏，存在随时爆炸起火的情况下，为保护他人生命、财产安全，毅然爬窗进屋关闭液化气阀门，并在行为实施过程中因液化气起火被烧成 5 级伤残，其行为与一般的无因管理具有明显区别，故本案案由为见义勇为人受害责任纠纷。一审判决认定本案为无因管理纠纷欠妥，本院予以纠正。本案二审的争议焦点为：某办事处应否对陈某的损失承担补偿责任，如应承担，补偿金额以多少为宜。就应否责任承担。陈某为他人利益，以身赴险，体现了中华民族助人为乐、见义勇为的传统美德，应予以弘扬，保护见义勇为人员的合法权益，践行社会主义核心价值观，应为社会所倡导。《中华人民共和国民法典》第一百八十三条规定，因保护他人民事权益使自己受到损害的，由侵权人承担民事责任，受益人可以给予适当补偿。没有侵权人、侵权人逃逸或者无力承担民事责任，受害人请求补偿的，受益人应当给予适当补偿。某办事处上诉认为其非受益人，不应承担补偿责任。本院认为，案涉连体板房为某办事处所有，彭某、李某等征拆户系因政府项目征拆，由某办事处安排在事故发生地点居住，故陈某的行为除避免某办事处的财产损失外，亦避免了密集居住环境下潜在的人身伤亡风险，作为财产所有者，亦作为安全监督管理者，某办事处均为受益人，应承担补偿责任。就某办事处应承担的具体金额。陈某的损失达 950000 余元，但本案无侵权人，受益人的补偿责任范围除根据见义勇为人所受损失情况外，还应结合受益人的获益情况和其经济承受能力综合考虑。本案中，彭某、李某为板房的直接使用者，二人应承担较多的补偿责任，一审判决二人承担主要补偿责任后，陈某撤回对二人的上诉，可视为对判决结果的认可。结合案涉连体板房的价值不高，液化气起火存在人身伤亡风险但实际未造成其他人受损的情况来看，作为次补偿责任人，一审判决某办事处承担 200000 元补偿责任并无不当，本院予以维持。陈某认为某办事处承担金额过低，某办事处认为其不应承担补偿责任的上诉请求，本院均不予支持。

四、姓名权纠纷

【法条链接】

《中华人民共和国民法典》第一千零一十二条 【姓名权】自然人享有姓名权，有权依法决定、使用、变更或者许可他人使用自己的姓名，但是不得违背公序良俗。

案例一

【基本案情】

原告某丹系国际知名运动员。自1984年起，诸多电视媒体、报纸杂志等媒体均以“某丹”指代原告，对其进行了长期跟踪报道，前后跨度达30余年，而被告自2000年起先后将“某丹”作为商标和商号进行使用。2012年3月，原告以被告侵犯其姓名权为由诉至人民法院，要求判如所请。

【判决结果】

原审人民法院判决：(一)被告某丹体育公司应连续3天在知名报纸、权威网站主页上刊登声明，澄清与原告某丹之间的关系，并公开赔礼道歉。(二)被告某丹体育公司应停止使用其企业名称中的“某丹”商号。(三)被告某丹体育公司应停止使用涉及“某丹”的商标，但对于超过5年争议期的涉及“某丹”的商标，应采用包括区别性标识等在内的合理方式，注明其与美国前篮球运动员某丹不存在任何关联，以消除联系，显示区别，停止侵害。(四)被告某丹体育公司赔偿原告精神损害抚慰金300000元。(五)被告某丹体育公司应赔偿原告因本案诉讼所支出的合理费用50000元。(六)驳回原告的其他诉讼请求。

二审人民法院判决：驳回上诉，维持原判。

【案例评析】

(一)原告的英文名字与中文译名“某丹”之间已经形成稳定的对应关系

人民法院认为，从姓名权保护的客体而言，法律保护的姓名，并不仅仅局限于自然人在身份证或护照上记载的姓名，同时也包括为公众所熟悉、被他人使用后易造成混淆的译名(包括简化的译名)、笔名和网名等，上述称呼均可成为姓名权保护的客体。原告姓氏译名“某丹”早已被作为其简化译名，用于指代原告。从对应性事实的人格象征而言，自然人能否对特定名称主张姓名权利，还可以从该名称是否与特定的自然人之间建立稳定的对应关系来判断。姓名权的权能并不局限于特定领域，但特定领域内对应性事实的指代性恰恰是判断是否构成侵权的重要考量因素。本案中，在原、被告双方共同涉及的特定领域——体育运动中，尤其是在先后从事某项运动等特定事项上，可以判定某丹体育公司在商业活动中使用中文“某丹”的译名已具有可识别性，就是指代原告。

(二)某丹体育公司在商业活动中使用中文“某丹”已经侵害了原告的姓名权

人民法院认为，任何人干涉、冒用、盗用他人的姓名或故意造成混淆，即构成对他人姓名权的侵害。因姓名权人自身勤奋努力而在特定领域产生了影响力，其姓名即可蕴含较大的经济利益。如未经姓名权人的许可，故意使用与姓名权人姓名相同的文字，运用到商业活动中去误导公众，使公众将两者联系起来，并基于对特定姓名权人的信赖等因素而进行消费，从而获得本不属于其的经济利益的，也应当认定构成对他人姓名权的侵害。

某丹体育公司辩称，“某丹”商标系合法注册，故其使用“某丹”字样的商标有法可依，不应构成侵权。对此，人民法院认为，姓名权属于人格权，而商标权系财产权，姓名权虽在人格权范畴内属于排他性较弱的权利，但即便是同名同姓亦不代表允许故意混淆。当人格权与财产权相冲突时，应当确立人格权价值的高阶性和保护的优先性。某丹体育公司的“某丹”商标已依照《中华人民共和国商标法》的规定注册，其中部分“某丹”商标也过了5年的争议期，成为不可撤销的商标。但商标权的行使仍然应当以不侵害原告的人格权为限，否则并不当然免除某丹体育公司的民事侵权责任。

（三）对于停止使用是否是停止侵权唯一履行方式的问题

在人民法院认定某丹体育公司侵犯了原告姓名权的前提下，某丹体育公司应当停止对原告姓名权的侵害。但在确定承担停止侵害责任的具体方式时，人民法院不仅要考虑原告的权利是否足以得到救济，同时也要考虑已依照法定程序注册且不可撤销商标的法律效力，即《中华人民共和国商标法》上注册商标5年争议期的立法目的。据此，若对于超出5年争议期的“某丹”商标仍判令停止使用，则会使得《中华人民共和国商标法》关于5年争议期的立法目的落空。在此前提下，对于涉及中文“某丹”的该部分商标，人民法院认为被告某丹体育公司应通过一定的合理方式从而足以阻断公众对原、被告之间的关联性产生联想，使其无从基于与原告的联系获得额外的利益，以去特定化、去识别化、去指向性。这样既达到了停止对原告姓名权侵害的目的，也兼顾了《中华人民共和国商标法》关于5年争议期的立法目的。

案例二

【基本案情】

向某2与郑某原系夫妻关系，婚后于2008年3月25日生育一子，取名向某1，因夫妻感情破裂于2011年10月24日离婚，并约定向某1由郑某抚养。2012年9月24日，郑某独自一人持署名为“郑某、向某2”（均为郑某书写）的申请书以“父母已离异”为由向派出所申请将向某1姓名变更为郑某某。2014年9月17日，郑某与向某2以“出生医学证明与户籍不相符，生活带来不便”为由向派出所申请将郑某某的姓名变更为向某1。2015年4月24日，郑某又以“学籍姓名以及城乡医保等所有相关手续的档案都是用的郑某某”为由向派出所申请将向某1的姓名变更为郑某某。2018年12月27日，向某2以“前妻在我本人不知情的情况下私自将本人小孩名字向某1改为郑某某，其提供的申请书上的签字不是我本人签字”为由向派出所申请将郑某某名字恢复为向某1。

2014年9月至2020年7月，向某1读小学期间一直使用“郑某某”这一姓名，并以该姓名先后多次获得校内、校外比赛多个奖项。2020年9月，向某1以“郑某某”这一学籍姓名从小学毕业后考入某中学就读。审理中，原告向某1亲自出庭参加诉讼，并向法庭明确表示自己的那么多奖项都是使用郑某某这个姓名，自己更愿意将姓名变更为郑某某，如果不能将姓名改回为郑某某，意味着其将失去那些奖项，也意味着当时参赛的金钱、精力和努力都会白费。法定代理人郑某表示尊重原告向某 1 的意见。

【判决结果】

责令被告向某 2 于本判决生效后 7 日内配合原告向某 1 将户籍登记姓名变更为郑某某。

【案例评析】

公民依法享有姓名权,公民的姓名权既包括命名权,也包括姓名使用权或许可他人使用权,还应当包括更名权,也就是公民有权决定、使用和依照规定变更自己的姓名。本案中,原告法定代理人、被告作为原告的父母在原告出生时经过商议为原告命名为向某 1,但原告从小学到中学,长达 7 年,生活和学习都是使用“郑某某”这一姓名,虽然原告之母擅自将原告姓名予以变更不值得提倡,但原告这 7 年间在学业和艺术修养等各方面均有所成,该姓名既已为亲友、老师、同学所熟知,也已经成为其人格的标志,已成为其稳定的生活、学习环境的重要组成部分,继续使用该姓名,有利于原告的身心健康和成长。且原告虽未成年,但已经年满 12 周岁,属限制民事行为能力人,按其目前的年龄和智力水平,已经能够理解姓名的文字含义及社会意义。同时,原告使用“郑某某”的姓名,不会改变其系母亲郑某与被告向某 2 子女的事实,也不会损害生父、生母及他人的合法权益,故在变更姓名权问题上应当充分考虑其本人的意见。故原告要求被告向某 2 配合其将姓名变更为郑某某的诉请符合法律规定,本院应予以支持。

五、个人信息保护纠纷

【法条链接】

《中华人民共和国民法典》第一千零三十四条 【个人信息保护】自然人的个人信息受法律保护。个人信息是以电子或者其他方式记录的能够单独或者与其他信息结合识别特定自然人的各种信息,包括自然人的姓名、出生日期、身份证件号码、生物识别信息、住址、电话号码、电子邮箱、健康信息、行踪信息等。个人信息中的私密信息,适用有关隐私权的规定;没有规定的,适用有关个人信息保护的规定。

《中华人民共和国民法典》第一千零三十五条 【个人信息处理的原则】处理个人信息的,应当遵循合法、正当、必要原则,不得过度处理,并符合下列条件:

(一)征得该自然人或者其监护人同意,但是法律、行政法规另有规定的除外;

(二)公开处理信息的规则;

(三)明示处理信息的目的、方式和范围;

(四)不违反法律、行政法规的规定和双方的约定。

个人信息的处理包括个人信息的收集、存储、使用、加工、传输、提供、公开等。

案例一

【基本案情】

2021 年 8 月 10 日中午,罗某某与朋友到某火锅店用餐,就座后点餐时,火锅店的服务员告知:就餐必须“关注”火锅店的微信公众号才能点餐。罗某某要求使用纸质点餐,服务员明确告知：要“关注”火锅店的微信公众号才能获得其提供的服务。罗某某本次扫码点餐的流程为：打开微信，进入“某火锅”→点“关注”→进入的页面显示“某火锅店申请获得：你的微信头像、昵称、地区和性别信息”，页面显示“拒绝”“允许”选项→点“允许”后方能点餐。点击进入相关页面均由火锅服务员完成。

【判决结果】

被告某火锅店停止侵权，于本判决生效之日起10日内删除获取原告罗某某的个人信息。驳回罗某某的其他诉讼请求。

【案例评析】

消费者到餐厅就餐，餐厅要求现场就餐消费者关注公众号或小程序，再进行扫码点餐，不提供纸质的点餐方式，涉嫌侵害消费者的公平交易权，是设定不公平、不合理的交易条件，对现场就餐消费者的一种强制交易行为。扫码点餐应是可选项，而不应该成为唯一选项，应当由消费者决定是否扫码点餐，而不是由商家“一刀切”。消费者到餐厅就餐，并无必要提供手机号、生日、姓名、地理位置、通讯录等与餐饮消费无关的信息。但消费者扫码点餐不必然导致个人信息被侵害。如果仅仅关注公众号或小程序，餐厅不提取信息，不会导致消费者个人信息被侵害。关注公众号或小程序后，要求消费者提供身份证号、手机号、姓名等导致能识别特定自然人的，餐厅提取信息后，信息进入服务器后台，违反法律规定的搜集、使用个人信息的合法、正当、必要原则，涉嫌对消费者个人信息的过度收集，此时，餐厅涉嫌侵犯消费者个人信息。

案例二

【基本案情】

原告董某1系被告某学校某年级1班的学生，原告称被告某学校于2022年6月12日通过某年级1班班级群通知学生家长前往学校填报中考志愿，原告提交的“某学校某年级1班2021”班级群聊天记录显示，被告某学校某年级1班教师将文件名为“某年级考生登录账号”的表格信息予以发布，其中显示有原告董某1的登录账号，原告称被告某学校的教师在课堂上说过上述登录密码为学生姓名+出生年月，被告某学校对此予以认可。2022年6月12日17时06分，原告董某1所填写的《普通高中招生考试志愿登记表》显示其报考的志愿批次为“第1批第1志愿：某县第一高级中学；第3批第1志愿：某县实验中学”。被告李某1原系被告某学校某年级1班学生，原告提交的被告李某1与原告董某1的聊天记录显示：被告李某1称“你的志愿被我改了”“哈哈哈哈”，原告董某1回复“嗯”，被告李某1回复“哈哈哈”。原告董某第1志愿被修改后，被告某学校及原告向公安部门进行了报案，经某县公安局查明，2022年6月13日、2022年7月22日、2022年7月24日被告李某1多次登录某某省高中阶段招生服务平台将原告董某1的中招志愿进行修改，致使原告董某1无法被报考学校正常录取。后某县公安局根据《中华人民共和国治安管理处罚法》第二十一条第一项、第二十九条第三项对被告李某1以非法改变计算机信息系统数据和应用程序行政拘留7日。另查明，上述事件发生后，经相关单位协调，原告董某1现就读于某县第一高级中学，原告董某2、邢某系原告董某1父母，被告李某2系被告李某1之父。

【判决结果】

(一)被告李某1、李某2于本判决生效后10日内支付原告董某2、邢某、董某1精神抚慰金、交通费、误工费等费用共计8000元。(二)被告某学校对本判决第一项内容在3000元范围内承担补充赔偿责任。(三)被告李某1、李某2于本判决生效后10日内以本院认可的方式向原告董某2、邢某、董某1赔礼道歉。(四)驳回原告董某2、邢某、董某1的其他诉讼请求。

【案例评析】

由于中招考试及考生志愿填报是涉及影响人生转折的重大升学问题,承载着自我和家人的期许,考生及家长对中考填报志愿的重视程度尤为重要。本案被告李某1修改了原告董某1的中考志愿,导致原告董某1与报考的志愿高中几乎失之交臂。该事实有被告李某1与原告董某1的聊天记录等为证据。《中华人民共和国民法典》第一千零三十三条规定,除法律另有规定或者权利人明确同意外,任何组织或者个人不得实施下列行为:……(五)处理他人的私密信息……第一千零三十四条第一款规定,自然人的个人信息受法律保护。第一千一百六十五条第一款规定,行为人因过错侵害他人民事权益造成损害的,应当承担侵权责任。具体到本案中,被告李某1未经允许擅自登录并修改原告董某1所填报的《普通高中招生考试志愿登记表》,已构成对原告合法权益的侵害,应承担相应的侵权责任,虽然原告董某1的志愿已经相关部门协调予以更正,原告董某1目前在所报考的高中就读,但考虑到因被告李某1实施的上述侵权行为,原告为此承担了本无需付出的代价及精神损害,本案原告董某1未成年,其父母(即原告董某2、邢某)亦为案涉事件进行奔波,侵权人李某1的过错行为给原告造成了一定的精神损害,应当对被侵权人进行精神损害抚慰金等的赔偿。

六、生命权、身体权、健康权纠纷

【法条链接】

《中华人民共和国民法典》第一千一百八十八条　无民事行为能力人、限制民事行为能力人造成他人损害的,由监护人承担侵权责任。监护人尽到监护职责的,可以减轻其侵权责任。有财产的无民事行为能力人、限制民事行为能力人造成他人损害的,从本人财产中支付赔偿费用;不足部分,由监护人赔偿。

《中华人民共和国民法典》第一千二百条　限制民事行为能力人在学校或者其他教育机构学习、生活期间受到人身损害,学校或者其他教育机构未尽到教育、管理职责的,应当承担侵权责任。

案例一

【基本案情】

原告蔚某与被告卢某系被告某县某中学同班的体育生。2022年1月22日晚上,体操老师赵某带领高三年级21班的学生在尚学楼一楼教室上体育课。22时许,快下课时该班学生张某将被告卢某放在桌子上的手机藏了起来,被告卢某寻找手机未果,便向旁边的原告蔚某询问其手机下落，原告蔚某表示未见其手机；被告卢某欲在原告蔚某身上搜寻遭到拒绝后，二人便互相抓着对方的胳膊摆出摔跤的架势，二人不听体操老师赵某的劝解，继续摔跤，原告蔚某将被告卢某摔倒，被告卢某起身再次与原告蔚某摔在一起，并将原告蔚某摔倒在铺有垫子的地上，因被告卢某身体失去平衡，在倒地的过程中膝盖压住了原告蔚某的胳膊，致使原告蔚某受伤。原告蔚某受伤后，经某县人民医院诊断为“桡尺骨骨折”。

【判决结果】

原审人民法院判决：原告蔚某主张的医疗费、护理费、营养费、后续治疗费、鉴定费、住院伙食补助费、住宿费等费用共计为 54774.69 元；由原告蔚某自行承担 27387.34 元，被告卢某承担 23887.34 元。[①]被告某县某中学不承担责任。

二审人民法院判决：驳回上诉，维持原判。

【案例评析】

原审人民法院审理认为，原告蔚某与被告卢某系同班同学。在上体操课的时间，因寻找手机而引起双方摔跤玩耍，致原告蔚某受伤。学生在课间追逐打闹从学生的天性来讲是不可避免的，从教育者的角度来讲也是正常的，不应当限制，学校未禁止学生的此类行为，并不属于管理的疏忽和过错。原告蔚某和被告卢某的摔跤玩耍在正常的范围内，只是由于偶然和难以预料的意外且在老师的制止过程中发生事故。学校在对学生的管理，制定相关的校规校纪，并举办学校安全教育活动，学生应当自行遵守，学校为了学生的安全训练，在教室内铺了安全垫。再者，学校对已成年或者即将成年的学生不存在监护义务，在本次事故中学校也不存在对学生管理的过错。故被告某县某中学不应承担原告蔚某的赔偿责任。且原告蔚某已成年，对摔跤游戏中存在的不安全隐患和危险性应当预见而未预见，与被告卢某玩耍摔跤游戏时不慎摔倒受伤，被告卢某主观上不存在伤害的故意，双方的摔跤嬉戏玩耍在体育生间属于一种正常的游戏活动，故原告蔚某的受伤实属不可预见导致发生事故。根据公平原则，原告蔚某与被告卢某应承担对等责任。

二审人民法院认为，本案系校园人身损害赔偿案件，根据《中华人民共和国民法典》第一千一百六十五条第一款：“行为人因过错侵害他人民事权益造成损害的，应当承担侵权责任。”和第一千二百条：“限制民事行为能力人在学校或者其他教育机构学习、生活期间受到人身损害，学校或者其他教育机构未尽到教育、管理职责的，应当承担侵权责任。”及教育部《学生伤害事故处理办法》的有关规定，归责原则应适用过错责任原则。一审适用公平原则属适用法律错误，本院应予纠正。本案蔚某、卢某系高三年级学生，对事故的发生虽不存在故意，但根据二人的年龄、认知能力和法律行为能力程度，应当对相互追逐打闹行为可能造成的后果具有相应的预见性，二人对自身行为存在未能有效自我控制和放任损害后果发生的过失，故二人应对事故承担均等责任。某县某中学作为教育机构，对已成年或者即将成年的学生不具有监护义务，在本案中不存在对学生管理的过错，故某县某中学对本次事故不应承担赔偿责任。

---

① 本案中所涉及其他金额在此未一一列出。

案例二

【基本案情】

2021年11月15日12时49分许，周某某从教室跑出，赵某某与同学正在教室外的走廊上散步。周某某经过赵某某身旁时，赵某某伸出左脚将周某某绊倒，导致周某某左手受伤。2021年11月15日14时10分，某某市某小学将周某某送往某区某医院住院治疗。经鉴定机构鉴定，周某某左肱骨骨折累及骨骺属十级伤残。周某某向人民法院提起诉讼，要求赵某（赵某某父亲）、田某某（赵某某母亲）赔偿周某某医疗费、护理费、残疾赔偿金等损失103204.65元。赵某、田某某要求追加某某市某小学为本案被告并承担责任。

【判决结果】

判处赵某某监护人共同赔偿周某某损失共计92844元。

【案例评析】

赵某某在周某某从其身边经过时，伸出脚绊倒周某某，致使周某某受伤，其行为存在过错，且其过错行为与周某某左肱骨骨折累及骨骺之间存在因果关系，赵某某应当对周某某的损害承担赔偿责任；因赵某某系限制民事行为能力人，赵某某造成的周某某的损害，应当由其监护人赵某、田某某承担责任。周某某受伤事故发生在中午放学后，此期间系学生在校园自由活动休息时间，也是老师准备上课和休息的时间，此期间学校通过校规校纪、学生日常行为规范等约束学生，不能要求学校防范可能性极小的、极不常发生的或完全不能预见的危害，加大其注意义务和管理职责。某某市某小学无法预见突然发生的人为事故，且在事故发生后将受伤学生及时送医，在此期间已尽到职责范围内的教育、管理义务，并无过错，故该小学在本案中不承担侵权责任。

《中华人民共和国爱国主义教育法》

爱国主义教育法

系统化推进爱国主义教育,明确教育内容与实施方式,侮辱国旗、诋毁英烈等案例彰显法律刚性约束。

第一部分　法律概述

爱国主义是中华民族的核心精神，是推动国家发展、维护民族团结的重要力量。为加强爱国主义教育，提升全民族的爱国意识，增强国家凝聚力，国家制定了《中华人民共和国爱国主义教育法》。该法旨在通过法律手段，系统化、规范化地推进爱国主义教育，确保爱国主义精神深入人心，为国家长治久安和繁荣发展提供精神动力。

《中华人民共和国爱国主义教育法》适用于全国范围内的所有公民、组织及机构。教育对象涵盖确保爱国主义教育覆盖全社会。

爱国主义教育通过多种形式开展，包括：

学校教育：将爱国主义教育纳入各级学校的课程体系；

社会教育：通过媒体、文化活动、纪念仪式等传播爱国主义精神；

实践教育：组织参观爱国主义教育基地、参与志愿服务等，政府负责制定政策、提供资源并监督实施；

学校将爱国主义教育纳入教学计划，培养学生的爱国情怀；家长应通过言传身教，引导子女树立爱国意识；社会组织通过各类活动宣传爱国主义精神。

对于违反《中华人民共和国爱国主义教育法》的行为，如破坏爱国主义教育设施、传播损害国家利益的言论等，将依法追究责任，情节严重的将承担刑事责任。

教育部门负责监督学校的教育实施情况，其他部门协同推进社会教育。建立监督机制，定期评估爱国主义教育的效果，确保教育目标的实现。社会各界可通过举报、建议等方式参与监督。

《中华人民共和国爱国主义教育法》的颁布实施，标志着爱国主义教育进入了法治化、规范化的新阶段。它不仅有助于增强全民族的爱国意识，还为国家长治久安和繁荣发展提供了坚实的精神保障。通过法律的引导和规范，爱国主义精神将更加深入人心，成为推动国家进步的重要力量。

《中华人民共和国爱国主义教育法》是新时代加强爱国主义教育的重要法律保障。通过全社会的共同努力，爱国主义精神将得到广泛传播和弘扬，为实现中华民族伟大复兴提供强大的精神动力。

第二部分　法条摘编

第一章　总　则

第一条　为了加强新时代爱国主义教育，传承和弘扬爱国主义精神，凝聚全面建设社会主义现代化国家、全面推进中华民族伟大复兴的磅礴力量，根据宪法，制定本法。

第二条　中国是世界上历史最悠久的国家之一，中国各族人民共同创造了光辉灿烂的文化、共同缔造了统一的多民族国家。国家在全体人民中开展爱国主义教育，培育和增进对中华民族和伟大祖国的情感，传承民族精神、增强国家观念，壮大和团结一切爱国力量，使爱国主义成为全体人民的坚定信念、精神力量和自觉行动。

第三条　爱国主义教育应当高举中国特色社会主义伟大旗帜，坚持以马克思列宁主义、毛泽东思想、邓小平理论、“三个代表”重要思想、科学发展观、习近平新时代中国特色社会主义思想为指导，坚持爱国和爱党、爱社会主义相统一，以维护国家统一和民族团结为着力点，把全面建成社会主义现代化强国、实现中华民族伟大复兴作为鲜明主题。

第四条　爱国主义教育坚持中国共产党的领导，健全统一领导、齐抓共管、各方参与、共同推进的工作格局。

第五条　爱国主义教育应当坚持思想引领、文化涵育，教育引导、实践养成，主题鲜明、融入日常，因地制宜、注重实效。

第六条　爱国主义教育的主要内容是：

（一）马克思列宁主义、毛泽东思想、邓小平理论、“三个代表”重要思想、科学发展观、习近平新时代中国特色社会主义思想；

（二）中国共产党史、新中国史、改革开放史、社会主义发展史、中华民族发展史；

（三）中国特色社会主义制度，中国共产党带领人民团结奋斗的重大成就、历史经验和生动实践；

（四）中华优秀传统文化、革命文化、社会主义先进文化；

（五）国旗、国歌、国徽等国家象征和标志；

（六）祖国的壮美河山和历史文化遗产；

（七）宪法和法律，国家统一和民族团结、国家安全和国防等方面的意识和观念；

（八）英雄烈士和先进模范人物的事迹及体现的民族精神、时代精神；

（九）其他富有爱国主义精神的内容。

第七条　国家开展铸牢中华民族共同体意识教育，促进各民族交往交流交融，增进对伟大祖国、中华民族、中华文化、中国共产党、中国特色社会主义的认同，构筑中华民族共有精神家园。

第八条　爱国主义教育应当坚持传承和发展中华优秀传统文化，弘扬社会主义核心价值观，推进中国特色社会主义文化建设，坚定文化自信，建设中华民族现代文明。

第九条 爱国主义教育应当把弘扬爱国主义精神与扩大对外开放结合起来,坚持理性、包容、开放,尊重各国历史特点和文化传统,借鉴吸收人类一切优秀文明成果。

第十条 在每年10月1日中华人民共和国国庆日,国家和社会各方面举行多种形式的庆祝活动,集中开展爱国主义教育。

第二章 职责任务

第十一条 中央爱国主义教育主管部门负责全国爱国主义教育工作的指导、监督和统筹协调。

中央和国家机关各部门在各自职责范围内,组织开展爱国主义教育工作。

第十二条 地方爱国主义教育主管部门负责本地区爱国主义教育工作的指导、监督和统筹协调。

县级以上地方人民政府教育行政部门应当加强对学校爱国主义教育的组织、协调、指导和监督。县级以上地方文化和旅游、新闻出版、广播电视、电影、网信、文物等部门和其他有关部门应当在各自职责范围内,开展爱国主义教育工作。

中国人民解放军、中国人民武装警察部队依照本法和中央军事委员会的有关规定开展爱国主义教育工作,并充分利用自身资源面向社会开展爱国主义教育。

第十三条 工会、共产主义青年团、妇女联合会、工商业联合会、文学艺术界联合会、作家协会、科学技术协会、归国华侨联合会、台湾同胞联谊会、残疾人联合会、青年联合会和其他群团组织,应当发挥各自优势,面向所联系的领域和群体开展爱国主义教育。

第十四条 国家采取多种形式开展法治宣传教育、国家安全和国防教育,增强公民的法治意识、国家安全和国防观念,引导公民自觉履行维护国家统一和民族团结,维护国家安全、荣誉和利益的义务。

第十五条 国家将爱国主义教育纳入国民教育体系。各级各类学校应当将爱国主义教育贯穿学校教育全过程,办好、讲好思想政治理论课,并将爱国主义教育内容融入各类学科和教材中。

各级各类学校和其他教育机构应当按照国家规定建立爱国主义教育相关课程联动机制,针对各年龄段学生特点,确定爱国主义教育的重点内容,采取丰富适宜的教学方式,增强爱国主义教育的针对性、系统性和亲和力、感染力。

第十六条 各级各类学校应当将课堂教学与课外实践和体验相结合,把爱国主义教育内容融入校园文化建设和学校各类主题活动,组织学生参观爱国主义教育基地等场馆设施,参加爱国主义教育校外实践活动。

第十七条 未成年人的父母或者其他监护人应当把热爱祖国融入家庭教育,支持、配合学校开展爱国主义教育教学活动,引导、鼓励未成年人参加爱国主义教育社会活动。

第十八条 国家机关应当加强对公职人员的爱国主义教育,发挥公职人员在忠于国家、为国奉献,维护国家统一、促进民族团结,维护国家安全、荣誉和利益方面的模范带头作用。

第十九条 企业事业单位应当将爱国主义教育列入本单位教育计划,大力弘扬劳模精神、劳动精神、工匠精神,结合经营管理、业务培训、文化体育等活动,开展爱国主义教育。

教育、科技、文化、卫生、体育等事业单位应当大力弘扬科学家精神和专业精神，宣传和培育知识分子、专业技术人员、运动员等胸怀祖国、服务人民、为国争光的爱国情感和爱国行为。

第二十条 基层人民政府和基层群众性自治组织应当把爱国主义教育融入社会主义精神文明建设活动，在市民公约、村规民约中体现爱国主义精神，鼓励和支持开展以爱国主义为主题的群众性文化、体育等活动。

第二十一条 行业协会商会等社会团体应当把爱国主义精神体现在团体章程、行业规范中，根据本团体本行业特点开展爱国主义教育，培育会员的爱国热情和社会担当，发挥会员中公众人物和有社会影响力人士的示范作用。

第二十二条 国家鼓励和支持宗教团体、宗教院校、宗教活动场所开展爱国主义教育，增强宗教教职人员和信教群众的国家意识、公民意识、法治意识和爱国情感，引导宗教与社会主义社会相适应。

第二十三条 国家采取措施开展历史文化教育和“一国两制”实践教育，增强香港特别行政区同胞、澳门特别行政区同胞的爱国精神，自觉维护国家主权、统一和领土完整。

国家加强对推进祖国统一方针政策的宣传教育，增强包括台湾同胞在内的全中国人民对完成祖国统一大业神圣职责的认识，依法保护台湾同胞的权利和利益，坚决反对“台独”分裂行径，维护中华民族的根本利益。

国家加强与海外侨胞的交流，做好权益保障和服务工作，增进海外侨胞爱国情怀，弘扬爱国传统。

第三章　实施措施

第二十四条 中央和省级爱国主义教育主管部门应当加强对爱国主义教育工作的统筹，指导推动有关部门和单位创新爱国主义教育方式，充分利用各类爱国主义教育资源和平台载体，推进爱国主义教育有效实施。

第二十五条 县级以上人民政府应当加强对红色资源的保护、管理和利用，发掘具有历史价值、纪念意义的红色资源，推动红色旅游融合发展示范区建设，发挥红色资源教育功能，传承爱国主义精神。

县级以上人民政府文化和旅游、住房城乡建设、文物等部门应当加强对文物古迹、传统村落、传统技艺等历史文化遗产的保护和利用，发掘所蕴含的爱国主义精神，推进文化和旅游深度融合发展，引导公民在游览观光中领略壮美河山，感受悠久历史和灿烂文化，激发爱国热情。

第二十六条 爱国主义教育基地应当加强内容建设，丰富展览展示方式，打造精品陈列，为国家机关、企业事业单位、社会组织、公民开展爱国主义教育活动和参观学习提供便利服务，发挥爱国主义教育功能。

各类博物馆、纪念馆、图书馆、科技馆、文化馆、美术馆、新时代文明实践中心等，应当充分利用自身资源和优势，通过宣传展示、体验实践等方式，开展爱国主义教育活动。

第二十七条 国家通过功勋荣誉表彰制度，褒奖在强国建设、民族复兴中做出突出贡献的人士，弘扬以爱国主义为核心的民族精神和以改革创新为核心的时代精神。

第二十八条 在中国人民抗日战争胜利纪念日、烈士纪念日、南京大屠杀死难者国家公祭日和其他重要纪念日，县级以上人民政府应当组织开展纪念活动，举行敬献花篮、瞻仰纪念设施、祭扫烈士墓、公祭等纪念仪式。

第二十九条 在春节、元宵节、清明节、端午节、中秋节和元旦、国际妇女节、国际劳动节、青年节、国际儿童节、中国农民丰收节及其他重要节日，组织开展各具特色的民俗文化活动、纪念庆祝活动，增进家国情怀。

第三十条 组织举办重大庆祝、纪念活动和大型文化体育活动、展览会，应当依法举行庄严、隆重的升挂国旗、奏唱国歌仪式。

依法公开举行宪法宣誓、军人和预备役人员服役宣誓等仪式时，应当在宣誓场所悬挂国旗、奏唱国歌，誓词应当体现爱国主义精神。

第三十一条 广播电台、电视台、报刊出版单位等应当创新宣传报道方式，通过制作、播放、刊登爱国主义题材的优秀作品，开设专题专栏，加强新闻报道，发布公益广告等方式，生动讲好爱国故事，弘扬爱国主义精神。

第三十二条 网络信息服务提供者应当加强网络爱国主义教育内容建设，制作、传播体现爱国主义精神的网络信息和作品，开发、运用新平台新技术新产品，生动开展网上爱国主义教育活动。

第四章　支持保障

第三十三条 国家鼓励和支持企业事业单位、社会组织和公民依法开展爱国主义教育活动。

国家支持开展爱国主义教育理论研究，加强多层次专业人才的教育和培训。

对在爱国主义教育工作中做出突出贡献的单位和个人，按照国家有关规定给予表彰和奖励。

第三十四条 中央爱国主义教育主管部门建立健全爱国主义教育基地的认定、保护、管理制度，制定爱国主义教育基地保护利用规划，加强对爱国主义教育基地保护、管理、利用的指导和监督。

各级人民政府应当加强对爱国主义教育基地的规划、建设和管理，完善免费开放制度和保障机制。

第三十五条 国家鼓励和支持创作爱国主义题材的文学、影视、音乐、舞蹈、戏剧、美术、书法等文艺作品，在优秀文艺作品评选、表彰、展览、展演时突出爱国主义导向。

第三十六条 国家鼓励和支持出版体现爱国主义精神的优秀课外读物，鼓励和支持开发体现爱国主义精神的面向青少年和儿童的动漫、音视频产品等。

第三十七条 任何公民和组织都应当弘扬爱国主义精神，自觉维护国家安全、荣誉和利益，不得有下列行为：

（一）侮辱国旗、国歌、国徽或者其他有损国旗、国歌、国徽尊严的行为；

（二）歪曲、丑化、亵渎、否定英雄烈士事迹和精神；

（三）宣扬、美化、否认侵略战争、侵略行为和屠杀惨案；

（四）侵占、破坏、污损爱国主义教育设施；

（五）法律、行政法规禁止的其他行为。

第三十八条 教育、文化和旅游、退役军人事务、新闻出版、广播电视、电影、网信、文物等部门应当按照法定职责，对违反本法第三十七条规定的行为及时予以制止，造成不良社会影响的，应当责令及时消除影响，并依照有关法律、行政法规的规定予以处罚。构成违反治安管理行为的，依法给予治安管理处罚；构成犯罪的，依法追究刑事责任。

第三十九条 负有爱国主义教育职责的部门、单位不依法履行爱国主义教育职责的，对负有责任的领导人员和直接责任人员，依法给予处分。

第五章 附 则

第四十条 本法自 2024 年 1 月 1 日起施行。

第三部分　案例解析

一、实施侮辱国旗、国歌、国徽或者其他有损国旗、国歌、国徽尊严的行为案例

【法条链接】

《中华人民共和国宪法》第一百四十一条　中华人民共和国国旗是五星红旗。中华人民共和国国歌是《义勇军进行曲》。

《中华人民共和国宪法》第一百四十二条　中华人民共和国国徽，中间是五星照耀下的天安门，周围是谷穗和齿轮。

《中华人民共和国宪法》第一百四十三条　中华人民共和国首都是北京。

《中华人民共和国国旗法》第四条　中华人民共和国国旗是中华人民共和国的象征和标志。每个公民和组织，都应当尊重和爱护国旗。

《中华人民共和国刑法》第二百九十九条第一款　在公共场合，故意以焚烧、毁损、涂划、玷污、践踏等方式侮辱中华人民共和国国旗、国徽的，处三年以下有期徒刑、拘役、管制或者剥夺政治权利。

案例一

【基本案情】

某村村民因诉求得不到满足，前往该村村委会闹事。被告人杨某、吴某 1、吴某 2、唐某等 4 人爬上村委会办公室 2 楼，唐某将国旗旗杆拉向自己，与杨某、吴某甲、吴某乙一起将国旗从旗杆上扯下后撕烂，扔到村委会院内。两周后，唐某主动到公安机关投案自首，如实供述所犯罪行。检察机关提起公诉，控诉唐某等 4 人犯侮辱国旗罪。

【判决结果】

4 名被告人在公众场合故意以损毁的方式，侮辱中华人民共和国国旗，其行为均已触犯法律，构成侮辱国旗罪，理应受到法律的制裁。

人民法院经过审理，判决 4 名被告人构成侮辱国旗罪，判处杨某、吴某 1、吴某 2 有期徒刑 9 个月，判处唐某有期徒刑 8 个月。

案例二

【基本案情】

被告人薛某为发泄情绪，采用撕扯、焚烧等方式，故意将悬挂在地铁站入口处的中华人民共和国国旗损毁，后薛某用随身携带的手机将上述过程拍照、录制视频发布至个人微信朋友圈及境外社交软件，造成恶劣影响。

【判决结果】

人民法院经审理认为，被告人薛某在公共场合，故意以撕扯、焚烧等方式侮辱中华人民共和国国旗，其行为已构成侮辱国旗罪。被告人薛某到案后如实供述犯罪事实，且自愿认罪认罚，依法可从宽处罚。人民法院以侮辱国旗罪判处薛某有期徒刑8个月，缓刑1年。

【案例评析】

国旗是国家的象征和标志，是神圣而庄严的；国旗是国家主权和民族尊严的最高标志之一，是民族精神、爱国主义精神的集中体现。尊重和爱护国旗，正确使用国旗，是每个公民的法定义务。

国旗、国徽代表着国家的权威和尊严，承载着人民群众对国家、对民族的崇高敬意和深厚感情。中华人民共和国的每一个公民和组织都应当尊重和爱护中华人民共和国国旗。公民在公共场合故意损毁侮辱国旗、国歌、国徽等国家尊严的行为，并将照片、视频上传至网络，严重伤害了人民群众的爱国情感，人民法院依法对其处以刑罚，有助于增强公民的国家观念，对弘扬爱国主义精神，培育和践行社会主义核心价值观具有积极意义。

二、歪曲、丑化、亵渎、否定英雄烈士事迹和精神案例

【法条链接】

《中华人民共和国英雄烈士保护法》第二十二条　禁止歪曲、丑化、亵渎、否定英雄烈士事迹和精神。英雄烈士的姓名、肖像、名誉、荣誉受法律保护。

《中华人民共和国英雄烈士保护法》第二十五条　英雄烈士的近亲属可以依法向人民法院提起诉讼。英雄烈士没有近亲属或者近亲属不提起诉讼的，检察机关依法对侵害英雄烈士的姓名、肖像、名誉、荣誉，损害社会公共利益的行为向人民法院提起诉讼。

《中华人民共和国刑法》第二百九十九条之一　【侵害英雄烈士名誉、荣誉罪】侮辱、诽谤或者以其他方式侵害英雄烈士的名誉、荣誉，损害社会公共利益，情节严重的，处三年以下有期徒刑、拘役、管制或者剥夺政治权利。

案例一

【基本案情】

2021年，罗某观看抗美援朝体裁的电影后，为博取关注，使用新浪微博账号（粉丝数2200000余人）发帖，侮辱在抗美援朝战役中牺牲的“冰雕连”英雄烈士。上述帖文因用户举报被平台处理，此前阅读量20000余次。罗某次日删除该帖文，但相关内容已经在网络上广泛传播，引发公众强烈愤慨。罗某曾系知名媒体人，曾使用上述账号先后发表侮辱、嘲讽英雄烈士等帖文9篇，其账号被平台处置30次。某某省某人民检察院提起刑事附带民事公益诉讼，认为应当以侵害英雄烈士名誉、荣誉罪追究罗某刑事责任，建议判处有期徒刑7个月，同时请求判令罗某承担相应民事责任。

【判决结果】

某某省某人民法院认为，被告人罗某在互联网上使用侮辱性语言抹黑英烈，否定社会主义核心价值观和伟大的抗美援朝精神，破坏社会公共秩序，情节严重，其行为构成侵

害英雄烈士名誉、荣誉罪。罗某系自首，可以依法从轻处罚，自愿认罪认罚，可以依法从宽处理。附带民事公益诉讼被告罗某作为网络“大V”，多次在网上公开发表言论侮辱、贬损英雄烈士，严重侵害社会公共利益，应当承担民事责任。罗某自愿赔偿80000元用于抗美援朝烈士精神事迹纪念、宣传等公益事业，予以认可。

做出刑事附带民事判决，被告人罗某犯侵害英雄烈士名誉、荣誉罪，判处有期徒刑7个月；附带民事公益诉讼被告罗某在相关网站及报纸上公开赔礼道歉。

【案例评析】

英雄烈士是民族的脊梁、时代的先锋，英烈事迹和精神是中华民族的共同历史记忆和宝贵精神财富。法律既是一种行为规范，也是一种价值载体。以法律方式保护英雄烈士的名誉、荣誉，可以充分发挥法律的规范、引导作用，为培育和践行社会主义核心价值观提供制度保障和法治力量。

依法保护英雄烈士名誉、荣誉已成为全社会的高度共识和鲜明价值导向。近年来，网络上出现个别侮辱、诋毁英雄烈士的言行，不仅严重侵害英雄烈士的名誉、荣誉，而且伤害广大人民群众的民族情感，冲击社会主义核心价值观，损害社会公共利益。英雄烈士的名誉、荣誉承载着重要的社会价值和道德价值。世界上多数国家都注重保护英雄烈士的人格权益。如俄罗斯颁布的《卫国烈士纪念法》《俄罗斯联邦刑法典》规定了对英雄烈士的纪念和对不敬行为的惩处；美国颁布的《尊重美国阵亡英雄法案》明确禁止任何人从事损害英雄烈士形象等人格利益的行为，否则将会承担民事责任，并被处以罚款，甚至被追究刑事责任。